DR. CARLOS CUSNIER

El SUPERPODER de QUERERME

LOS 21 MEJORES CONSEJOS

para conectar contigo mismo y transformar tu autoestima

Una publicación de Zignmar LLC.

EL SUPERPODER DE QUERERME.
Los 21 mejores consejos
para conectar contigo mismo y transformar tu autoestima.

por Dr. Carlos Cusnier

Edición: Martina Normand

Producción & Marketing Editorial: Zignmar LLC.

Para todas las personas que están leyendo este libro, quiero dedicarles estas palabras con todo mi corazón:

Quiero empezar por decirles que entiendo por lo que están pasando. He pasado por momentos de baja autoestima, inseguridad y falta de amor propio. Pero quiero que sepan que no están solos en esto. El verdadero superpoder está en cómo decidimos manejar esos momentos y cómo decidimos seguir adelante. Escribí este libro con la intención de brindarles las herramientas necesarias para mejorar su relación con ustedes mismos. Les aseguro que no es un camino fácil, pero es un camino que vale la pena recorrer. A lo largo de estas páginas, encontrarán consejos y técnicas probadas que les ayudarán a encontrar la confianza, la felicidad y la paz interior que se merecen.

Pero más allá de los consejos, mi objetivo con este libro es acompañarlos en su viaje de autodescubrimiento. Estaré aquí como su guía, amigo y compañero. Quiero que se sientan cómodos al leer este libro porque no importa en qué punto de su vida se encuentren, siempre hay espacio para el crecimiento y la mejora. Espero que al final de este viaje, puedan mirarse al espejo y sentirse orgullosos de la persona que ven reflejada.

Recuerden, el superpoder de quererse está dentro de ustedes.

Con amor y gratitud, El autor.

CONTENIDO

ESTE LIBRO ES PARA TI

Es para mí un gran honor presentarles este libro, *"El superpoder de quererme: Los 21 mejores consejos para conectar contigo mismo y transformar tu autoestima"*, escrito por uno de los *coaches* más respetados en el campo de la autoayuda y el desarrollo personal.

Este libro es un tesoro invaluable para aquellos que buscan fortalecer su conexión interna y elevar su valía personal. *¿Alguna vez te has preguntado cómo sería tu vida si te amaras a ti mismo?*

Este libro es la respuesta a esa pregunta. A través de los *21 consejos* prácticos y efectivos que *el autor* nos ofrece, podrás desatar tu potencial interior y deslumbrar al mundo con tu autenticidad.

En cada capítulo, el autor nos brinda ejercicios para poner en práctica cada consejo y aplicarlo en nuestra vida diaria. También se incluyen herramientas poderosas como *la Rueda de la Vida* y *el Círculo de Responsabilidad*, que nos permiten evaluar nuestro progreso y responsabilidad en diferentes áreas de nuestras vidas. Y como si esto fuera poco, el libro incluye un breve *test* para medir nuestra *autoestima* y un resumen de las principales teorías y conceptos relacionados con la *autoestima* y el *amor propio.*

Pero lo que realmente hace que este libro sea especial es que detrás de cada palabra hay una historia personal que se relaciona con el título del libro: El superpoder de quererme.

El autor no solo es un *coach* con una gran experiencia y conocimiento en el campo del desarrollo personal, sino que también ha tenido que superar muchos obstáculos para llegar donde está hoy. Su propia experiencia de luchar con la baja autoestima y la falta de amor propio lo ha llevado a convertirse en un experto en el tema.

En cada página, se siente la *pasión* y el *compromiso* que *el autor* tiene para ayudar a los demás a encontrar su propio camino hacia el amor propio y la felicidad.

Prepárate para explorar nuevas perspectivas, superar tus limitaciones y construir una relación sólida y amorosa contigo mismo. ¡Este libro te guiará hacia el extraordinario *superpoder de quererte* y *transformar tu vida*!

Martina Normand

AMOR PROPIO

"EL AMOR PROPIO ES EL PRINCIPIO DE TODA VIRTUD"

— *Séneca*

El *amor propio* es el mayor *superpoder* que podemos poseer. Es una fuerza transformadora que nos permite abrazar nuestro ser interior y encontrar la verdadera felicidad y satisfacción en la vida. Es la fuente de nuestra *autoestima*, la cual se refleja en la forma en que nos tratamos a nosotros mismos y en cómo permitimos que otros nos traten.

A veces, nos enseñan que amarse a uno mismo es egoísta o vanidoso, pero en realidad, es todo lo contrario. El *amor propio* nos permite reconocer nuestra propia valía y valor, y aceptar nuestras imperfecciones y errores como parte de nuestra humanidad. Nos libera de la necesidad de buscar la aprobación y validación externa, y nos da el poder de crear la vida que deseamos.

Tener *amor propio* es vital para nuestra *autoestima*, ya que nos ayuda a sentirnos seguros en nuestra propia piel y a confiar en nuestras habilidades y decisiones.

Cuando nos amamos y nos respetamos a nosotros mismos, nos tratamos con la misma consideración y respeto que les damos a los demás.

Esto nos permite establecer límites saludables y tomar decisiones que sean adecuadas para nuestro bienestar emocional y físico.

El *amor propio* también nos permite cultivar relaciones significativas y auténticas, ya que somos capaces de conectar con los demás desde un lugar de amor y aceptación, en lugar de la necesidad de aprobación o la codependencia emocional.

El *amor propio* y la *autoestima* están estrechamente relacionados, puesto que ambos se refieren a cómo nos valoramos y tratamos a nosotros mismos.

La autoestima se refiere a cómo nos sentimos acerca de nosotros mismos en términos de nuestro valor y nuestras capacidades. La *autoestima* implica tener una actitud positiva hacia la vida en general.

El *amor propio* se refiere a tener un amor incondicional hacia uno mismo, independientemente de nuestros defectos y errores. Implica ser amable y compasivo contigo mismo, cuidar de ti mismo y establecer límites saludables.

En resumen, una buena *autoestima* puede fomentar un mayor *amor propio,* mientras que tener *amor propio* puede ayudarnos a aumentar nuestra *autoestima.*

Recuerda, el amor propio es un regalo poderoso que nos damos a nosotros mismos, y la clave para transformar nuestra autoestima y vivir una vida plena y auténtica.

Es hora de dejar atrás las creencias limitantes y abrazar nuestra propia luz y poder, para así encontrar la felicidad y la realización que merecemos.

LA AUTOESTIMA

"LA AUTOESTIMA ES LA PIEDRA ANGULAR DE TODO LOGRO"

— *Maxwell Maltz*

¿Alguna vez te has preguntado qué es la *autoestima*? En este mundo lleno de presiones sociales y expectativas, puede ser fácil perder el rumbo y olvidar lo importante que es valorarnos a nosotros mismos.

La *autoestima* es la opinión que tenemos de nosotros mismos y se forma a partir de la interacción con el entorno, desde el momento en que nacemos. La familia, los amigos, la cultura y la sociedad en general influyen en cómo nos vemos y nos sentimos respecto a nosotros mismos. A medida que vamos creciendo y experimentando el mundo, podemos darnos cuenta de que no somos perfectos, pero esto no significa que debamos tener una opinión negativa de nuestras habilidades o valor como personas.

Nuestras emociones están íntimamente relacionadas con nuestra autoestima. Las personas con una alta autoestima suelen ser más positivas, optimistas y seguras de sí mismas, mientras que las personas con baja autoestima tienden a ser más negativas, pesimistas e inseguras.

La *autoestima* también influye en la forma en que interactuamos con los demás. Las personas con una buena *autoestima* suelen establecer relaciones interpersonales más saludables y gratificantes.

11

Desafortunadamente, cuando la *autoestima* está por los suelos, es fácil caer en la trampa de dejar que otras personas controlen nuestra vida.

Nos sentimos tan mal acerca de nosotros mismos que pensamos que no podemos hacer nada y permitimos que otros tomen las riendas.

Pero esto solo empeora las cosas. Si permitimos que otras personas tomen el control de nuestra vida, entonces nunca mejoraremos nuestra *autoestima.*

La *autoestima* nos permite sentirnos seguros de nosotros mismos y estar más preparados para afrontar los retos de la vida.

Pero cuidado, porque la *autoestima* no tiene nada que ver con egoísmo o *narcisismo.* La gente con un buen concepto de sí misma no necesita llamar continuamente la atención sobre ellos mismos o hacerse notar por encima de los demás.

Al contrario, las personas con una alta autoestima suelen ser más humildes y seguras de sí mismas.

¿Cuáles son las posibles causas de los problemas de autoestima?

Los problemas de *autoestima* pueden ser causados por diversos factores, como la falta de apoyo emocional, el fracaso personal o profesional o el no sentirse aceptado socialmente. Otros factores que pueden contribuir a los problemas de *autoestima* son la forma en que una persona fue criada, la crítica constante o el abuso verbal o físico.

También pueden influir factores externos, como el entorno socioeconómico o el estatus social. La discriminación por raza, etnia, género u orientación sexual también puede tener un efecto negativo en la *autoestima* de una persona.

Por último, los medios de comunicación y la cultura a veces promueven estereotipos que pueden contribuir al deterioro de la *autoestima.*

En resumen, muchos factores pueden contribuir a los problemas de autoestima, desde la forma en que uno fue criado hasta el entorno externo en el que vive.

Por eso, es importante que busquemos ayuda para mejorar nuestra *autoestima.*

La importancia de buscar ayuda para mejorar la autoestima

¿Te has sentido alguna vez inseguro o con baja autoestima? Lo más probable es que la respuesta sea *sí,* en algún momento de nuestras vidas todos hemos pasado por situaciones que nos han hecho dudar de nosotros mismos.

Pero, *¿qué pasa cuando esta sensación se convierte en algo constante y afecta nuestra vida diaria?*

Es fundamental entender que la *baja autoestima* no es algo que simplemente desaparece. Debemos hacer un esfuerzo consciente para mejorar nuestra confianza y optimismo. Esto significa reconocer los puntos fuertes y áreas de mejora, evaluar sentimientos negativos y comprender cómo afectan nuestro comportamiento.

Buscar ayuda profesional es el primer paso para lograr un cambio positivo en la *autoestima.*

La ayuda para mejorar la *autoestima* puede venir en muchas formas: desde terapia hasta asesoramiento, libros y programas de autoayuda, todo esto puede ser útil para alcanzar un nivel más saludable de *autoestima*. Además, hay muchos recursos disponibles en línea que ofrecen consejos útiles para mejorar la *autoestima*.

¿Cómo puedo ayudar a alguien con problemas de autoestima?

Si conoces a alguien con problemas de *autoestima*, lo primero que debes hacer es escucharlo. A veces, simplemente necesitan hablar de sus sentimientos para empezar a mejorar. También puedes animarles a que busquen ayuda profesional si crees que podría beneficiarlos.

En cuanto a cómo puedes apoyar a alguien con problemas de *autoestima*, aquí tienes algunos consejos:

- Hazle saber que estás ahí para él o ella. Deja claro que te importa y estás dispuesto a ayudar en lo que necesite.

- Trata de no juzgar, sino más bien ofrecer una perspectiva diferente. La persona necesita sentirse segura y comprendida, no juzgada.

- Respeta su decisión si decide no hablar sobre el tema. No obligues a nadie a hacer algo que no esté preparado o no quiera hacer.

¿Por qué es importante la autoestima?

- Porque influye en gran medida en las elecciones y decisiones de las personas. En otras palabras, la *autoestima* cumple una función de motivación al hacer que sea más o menos probable que las personas se cuiden a sí mismas y exploren todo su potencial.

- Mejorar tu *autoestima* te permitirá alcanzar tus metas, por eso es de suma importancia que trabajes todos los días para tener una percepción más positiva de ti mismo.

- Un sano sentido de *autoestima* nos permite reconocer nuestras fortalezas y aprender de nuestros errores. Perseveramos porque no tenemos un miedo intenso al fracaso y creemos genuinamente en nuestras capacidades.

- Mejora nuestras relaciones con los demás. Tener una *autoestima* sana establece el tono de las relaciones que tienes con otras personas.

- Porque solo puedes conectarte con los demás tan profundamente como puedes conectarte contigo mismo.

- Es más fácil recuperarse de las dificultades. Algunos estudios sugieren que cuando nuestra *autoestima* es más alta, las heridas emocionales como el rechazo y el fracaso se sienten menos dolorosas.

- Nos permite establecer límites. Somos menos propensos a complacer a las personas y nos resulta más fácil expresar nuestras necesidades.

- Nos hace menos vulnerables a la ansiedad. Los estudios recomiendan que un sentido saludable de *autoestima* puede actuar como un amortiguador de la ansiedad. Eso es porque cuando nuestra *autoestima* es más alta, tendemos a liberar menos cortisol (la hormona del estrés) en nuestro torrente sanguíneo. Es menos probable que el cortisol permanezca en nuestro sistema y esto, a su vez, nos hace menos vulnerables a la ansiedad.

- Nos ayuda a defendernos. Es menos probable que toleremos el abuso o el maltrato porque sabemos que merecemos que nos traten mejor.

- Tomar el control de nuestra propia *autoestima* hace que tengamos energía para afrontar los retos. Así que dejemos de responsabilizar a los demás de lo que es nuestro y asumamos el compromiso de mejorar.

Autoestima saludable

Tener una *autoestima saludable* puede ayudar a motivarte a alcanzar tus metas, porque puedes navegar por la vida sabiendo qué eres capaz de lograr lo que te propongas. Además, cuando tienes una *autoestima saludable*, puedes establecer límites apropiados en las relaciones y mantener una relación saludable contigo mismo y con los demás.

Las cuatro características clave de una *autoestima saludable* son:

1. Una firme comprensión de tus propias habilidades.

2. La capacidad de mantener relaciones saludables con los demás como resultado de tener una relación saludable con uno mismo.

3. Expectativas personales realistas y apropiadas.

4. Una comprensión de las propias necesidades y la capacidad de expresar esas necesidades.

Baja autoestima

Las personas con *baja autoestima* tienden a sentirse menos seguras de sus capacidades y pueden dudar de su proceso de toma de decisiones. Es posible que no se sientan motivados para probar cosas novedosas porque no creen que puedan alcanzar sus objetivos.

Las personas con *baja autoestima* pueden tener problemas con las relaciones y la expresión de sus necesidades. También pueden experimentar bajos niveles de confianza y sentirse desagradables e indignos.

La baja autoestima puede manifestarse de diversas maneras. Si tienes baja autoestima:

- Puedes suponer que los demás son mejores que tú.
- Te resulta difícil expresar tus necesidades.
- Puedes concentrarte en tus debilidades.
- Con frecuencia puedes experimentar miedo, dudas y preocupaciones.
- Es posible que tengas una perspectiva negativa de la vida y sientas una falta de control.
- Es posible que tengas un miedo intenso al fracaso.
- Seguramente te cuesta aceptar comentarios positivos.
- Constantemente tienes problemas para decir que no y establecer límites.
- Puedes anteponer las necesidades de los demás a las tuyas propias.
- Puedes luchar con la confianza.

La baja autoestima tiene el potencial de conducir a una variedad de trastornos de salud mental, incluidos los trastornos de ansiedad y los trastornos depresivos.

También puede resultar difícil perseguir tus metas y mantener relaciones saludables. Tener *baja autoestima* puede afectar seriamente tu calidad de vida y aumentar el riesgo de experimentar *pensamientos suicidas*.

◆ ◆ ◆

Autoestima excesiva

Las personas con una *autoestima demasiado alta* pueden sobreestimar sus habilidades y pueden sentirse con derecho a tener éxito, incluso sin las habilidades para respaldar su confianza en sí mismas. Pueden luchar con problemas de relación y bloquearse de la superación personal porque están muy obsesionados con verse a sí mismos como perfectos.

La *autoestima demasiado alta* a menudo se etiqueta erróneamente como *narcisismo*, sin embargo, hay algunos rasgos distintivos que diferencian estos términos.

La autoestima inestable en los narcisistas se debe a su dependencia de factores externos y su vulnerabilidad a la crítica y a la falta de validación, lo que puede llevar a fluctuaciones en su nivel de autoestima.

La *autoestima demasiado alta* puede manifestarse de diversas maneras. Si tienes una *autoestima excesiva*:

- Puedes estar preocupado por ser perfecto.
- Puedes concentrarte en tener siempre la razón.

- Puedes creer que no puedes fallar.
- Puedes creer que eres más hábil o mejor que otros.
- Puedes expresar ideas grandiosas.
- Puedes sobreestimar groseramente tus habilidades y capacidades.

Cuando la *autoestima* es muy alta, puede provocar problemas de relación, dificultad con las situaciones sociales e incapacidad para aceptar las críticas.

En resumen, una buena *autoestima* nos ayuda a afrontar los retos y a superar las adversidades, mientras que una *baja autoestima* puede llevarnos a experimentar ansiedad, depresión y bajo rendimiento. Busca apoyo para desarrollar la *autoestima*.

Además, hay cosas que se pueden hacer intencionalmente para aumentar la *autoestima*:

- Habla con un amigo de confianza o un ser querido sobre tus problemas de *autoestima*.
- Lee libros sobre desarrollo personal.
- Toma un curso para aumentar tu *autoestima*.
- Discute tus problemas y obtén el consejo de un *coach* capacitado.

Afortunadamente, este libro que he escrito para ti te va a ayudar a abordar los problemas de autoestima con tu percepción de ti mismo y la fe en tus habilidades. Sé que puede ser difícil de creer que los consejos de un libro ayuden. Pero si lo intentas y practicas a diario, vas a sentirte mejor contigo mismo. Puedes llegar allí, un día a la vez.

◆ ◆ ◆

La autoestima es algo que cambia con el tiempo

La percepción y la valoración que tenemos de nosotros mismos no son estáticas, sino que pueden evolucionar y fluctuar a lo largo de nuestras vidas. Nuestra *autoestima* no se mantiene fija, sino que puede ser influenciada por nuevas experiencias, logros, desafíos y las opiniones de los demás.

Es posible que en algunos momentos nos sintamos seguros, confiados y satisfechos con quiénes somos, mientras que en otros momentos podamos experimentar dudas, inseguridades o una percepción negativa de nosotros mismos. Estos cambios pueden estar relacionados con diversos factores, como cambios en nuestras circunstancias personales, logros, fracasos, relaciones, influencias sociales y desarrollo personal.

Es importante recordar que la *autoestima* no es algo fijo e inmutable, sino que podemos trabajar en fortalecerla y cultivar una imagen más positiva de nosotros mismos. A través del autoconocimiento, el cuidado personal, la aceptación de nuestras imperfecciones y el desarrollo de habilidades emocionales, podemos promover un crecimiento y una mejora de nuestra *autoestima* a lo largo del tiempo.

Es fundamental entender que la *autoestima* es un proceso en constante evolución y que requiere atención y cuidado continuo. A medida que nos conocemos mejor, aprendemos a valorarnos y a aceptarnos con compasión, y buscamos un equilibrio saludable entre nuestras fortalezas y debilidades, podemos experimentar un crecimiento positivo en nuestra *autoestima* y alcanzar un mayor bienestar emocional.

TEST DE AUTOESTIMA

E ste test te ayudará a valorar tu *autoestima*. Debes responder todas las preguntas. Contesta de forma intuitiva, ya que es importante que la respuesta sea lo más sincera posible. Si no encuentras una opción que encaje con tu forma de ser, escoge aquella más semejante. Al finalizar el test podrás ver el resultado.

Empecemos:

1. Si pudieras cambiar algo de tu aspecto físico que no te gusta:

a) No, me siento bien como soy.

b) Me gustaría mejorar algo.

c) Cambiaría bastantes cosas para así sentirme mucho más seguro.

2. ¿Has logrado éxitos en tu vida?

a) Sí, creo que todo lo que hago es ya un éxito.

b) Sí, unos cuantos.

c) No.

3. Si pudieras cambiar algo de tu carácter, ¿qué cambiarías?

a) Nada.

b) No lo sé, son muchas cosas.

c) Alguna cosa.

4. ¿Cuánto te preocupa sobre lo que otras personas piensan de ti?

a) No me preocupa.

b) En ocasiones me preocupa algo.

c) Mucho.

5. ¿Consideras que eres una persona valiosa para los demás?

a) Estoy convencido de que tengo mucho valor.

b) No estoy convencido, pero hago lo que puedo.

c) No, más bien supongo que muchas veces no tengo valor ninguno.

6. ¿Si alguien se molesta contigo, quién supones que tiene la culpa?

a) A veces uno, a veces otro.

b) Del otro, normalmente.

c) Mía, normalmente.

7. ¿Cómo te sientes cuándo tu trabajo no es reconocido por otras personas?

a) Hago lo mejor sin esperar reconocimiento.

b) A veces me incomoda que no lo reconozcan.

c) Si nadie reconoce el valor de mi trabajo, debe ser que no merece tanto la pena.

8. ¿Cuánto te cuesta decir no?

a) No me cuesta decir, no.

b) En ocasiones me cuesta decir no.

c) No sé decir, no.

9. Si cometes un error, ¿te afecta tanto que no te lo perdonas?

a) Nunca llego a ese punto.

b) Algunas veces me afecta.

c) Sí. Por alguna razón siempre cometo errores.

10. ¿Cómo te sientes cuando eres criticado por otras personas?

a) No me importa.

b) Me resulta incómodo, pero procuro no darle mayor importancia.

c) Me siento muy mal.

11. ¿Demuestras tus sentimientos a las demás personas?

a) Sí, y lo disfruto.

b) No siempre, solo cuando me interesa alguien.

c) No para nada.

12. ¿Sientes temor de que otras personas te puedan juzgar?

a) Lo que los demás piensen de mí no me importa.

b) No lo sé.

c) Sí, a veces siento que nadie me quiere y me juzga.

13. ¿Cuidas decir algo por no decir lo correcto?

a) Expreso mis opiniones aunque me equivoque.

b) Cuido mucho lo que digo.

c) Prefiero no decir nada para evitar quedar mal.

14. Al compartir con amistades o en tu trabajo, tus ideas no se tienen en cuenta:

a) Disfruto y sigo compartiendo mis ideas.

b) Reflexiono que mis ideas no son tan buenas como creía.

c) Me voy, ya que mis ideas no les importa.

15. ¿A dónde juzgas que te llevará tu forma de ser?

a) Hacia una mejora constante.

b) A la normalidad.

c) Al desastre.

Este test solo ofrece orientación y carece de valor diagnóstico

Resultado Test de autoestima

Suma tus respuestas (a), (b) y (c) y descubre cómo está tu autoestima.

Si la mayoría de las respuestas es **(a): ALTA AUTOESTIMA**

Eres una persona con una gran *autoestima*. Buscas el éxito, tienes objetivos y en ti no cabe la palabra decepción. Ante los fracasos te creces, no permites que te hundan o que te afecten, pues siempre sacas un aprendizaje de los mismos. En ocasiones tu *alta autoestima* no te permite aceptar las críticas o mejoras que los otros te sugieren.

Cuidado con ello, porque todos cometemos errores y no siempre poseemos la verdad absoluta. Tu imagen transmite seguridad, fuerza y lucha, pero en ocasiones tanta *autoestima* puede hacerte parecer una persona poco humilde.

Si la mayoría de las respuestas es (**b**):

AUTOESTIMA MEDIA

Como norma general eres una persona que demuestras seguridad, pero hay determinados ámbitos donde desconfías de que tus habilidades como persona o los recursos que has ido adquiriendo a lo largo de años, te puedan servir. No siempre eres capaz de sentir confianza en ti mismo, y aunque públicamente lo disimules, en ocasiones esto te genera malestar o angustia. No debes permitir que tus pensamientos negativos te lleven a distorsionar las situaciones y consecuentemente te sientas incapaz de conseguir aquello que te has propuesto. Tienes todo en ti para enfrentarte con optimismo a las situaciones y aunque en ocasiones no salgan como tú quieres, debes intentar sacar el lado positivo de las mismas para seguir creciendo.

Si la mayoría de las respuestas es (**c**):

BAJA AUTOESTIMA

Necesitas cuanto antes valorarte de forma objetiva. Tus pensamientos negativos o la forma que tienes de anticiparte como si una catástrofe fuese a ocurrir te generan tal ansiedad que termina por limitarte en un gran número de ambientes o actividades. Sueles creer con bastante frecuencia que los demás son superiores a ti, y esto te lleva a darte muy poco valor sobre quién eres y lo que haces. Los errores te hunden, culpándote de ellos y haciéndote pensar que se dan por tu falta de valía. Tú eres tu mayor limitación. Debes trabajar para conseguir una mayor *autoestima*.

EL SUPERPODER DE QUERERME

"AMA A TU PRÓJIMO COMO A TI MISMO, PERO PRIMERO ÁMATE A TI MISMO"

— *Rabí Hillel*

Si estás leyendo esto, es probable que sientas que *la autoestima* es algo que necesitas mejorar en tu vida. Puede que te encuentres en un momento en el que te sientes atrapado por tus propios pensamientos negativos, o puede que hayas pasado por situaciones difíciles que han hecho que pierdas la confianza en ti mismo.

El superpoder de quererme es el amor propio, la capacidad de aceptarte a ti mismo incondicionalmente y reconocer tu propio valor y dignidad. Es la habilidad de cuidar de ti mismo y tratar tu cuerpo, mente y espíritu con amor y respeto.

El *amor propio* nos permite establecer límites saludables en nuestras relaciones, tomar decisiones informadas y confiar en nosotros mismos para enfrentar los desafíos de la vida con resiliencia y fuerza interior.

Conecta contigo mismo

Eres un ser único y especial, lleno de potencial y belleza. Tu esencia brilla desde lo más profundo de tu ser, esperando ser reconocida y abrazada.

Conectar con tu esencia es un camino poderoso para transformar tu autoestima y brillar con confianza.

En ese lugar sagrado dentro de ti, reside una fuerza inquebrantable, llena de amor y compasión. Es esa voz suave pero firme que te recuerda tu valor y te impulsa a ser auténtico. Permítete escucharla y nutrirla.

Reconoce que eres imperfecto y que está bien. La perfección no es el objetivo, sino el crecimiento y la autenticidad. Acepta tus fortalezas y debilidades, porque son las piezas que te hacen completo y único. No te compares con otros, porque tu camino es tuyo y solo tuyo.

Cultiva el amor propio y la compasión hacia ti mismo. Date permiso para cometer errores, aprender y crecer. Celebra tus logros, por pequeños que sean, y aprende de tus desafíos. Confía en tus capacidades y en tu intuición, porque dentro de ti reside la sabiduría que necesitas para tomar decisiones y enfrentar los desafíos.

Recuerda que el amor y el respeto que te das a ti mismo son el fundamento de tu autoestima. No dependas de la validación externa para sentirte valioso. Reconoce tu propia valía y vive de acuerdo con tus valores y creencias.

Abraza tus pasiones y sueños. Permítete explorar tus intereses y perseguir aquello que te hace sentir vivo. Confía en tus habilidades y en tu capacidad para enfrentar cualquier desafío que se presente en tu camino.

Enfócate en el crecimiento personal y el autodesarrollo. Aprende nuevas habilidades, busca conocimiento y desafíate a ti mismo a salir de tu zona de confort. Cada paso que tomes en esa dirección fortalecerá tu autoestima y te acercará más a la versión más auténtica y plena de ti mismo.

Recuerda siempre que eres suficiente tal como eres. No necesitas ser alguien más o cumplir estándares externos para ser valioso. Eres valioso simplemente por ser tú. Conecta con tu esencia, ámate a ti mismo y permite que tu autoestima florezca, iluminando tu camino y contagiando a otros con tu brillo único y auténtico.

Transforma tu autoestima

Es hora de que te atrevas a transformar tu autoestima y descubras la increíble fuerza que reside en ti. Atrévete a creer en ti mismo, a abrazar tu autenticidad y a brillar con confianza.

Tú eres capaz de superar cualquier obstáculo que se cruce en tu camino. Eres más fuerte de lo que crees y tienes dentro de ti un poder ilimitado para enfrentar los desafíos que la vida te presenta. No te subestimes ni permitas que las dudas te detengan.

Atrévete a desafiar tus propias creencias limitantes. Rompe los esquemas establecidos y cuestiona esos pensamientos negativos que te dicen que no eres lo suficientemente bueno. Eres capaz de lograr cosas extraordinarias y mereces todo lo bueno que la vida tiene para ofrecerte.

Atrévete a amarte incondicionalmente. Reconoce tus cualidades y celebra tus logros, por pequeños que sean. Eres único y valioso, con tus virtudes y defectos. No busques la aprobación externa, encuentra esa chispa de amor dentro de ti y cultívala cada día.

Atrévete a salir de tu zona de confort y explorar nuevas oportunidades. El crecimiento y el aprendizaje se encuentran fuera de los límites de lo conocido. Permítete experimentar, cometer errores y aprender de ellos. Cada paso fuera de tu zona de confort te acerca más a la persona valiente y resiliente que llevas dentro.

Atrévete a rodearte de personas que te inspiren y te impulsen a crecer. Rodéate de aquellos que te apoyan, te valoran y te animan a ser la mejor versión de ti mismo. Deja atrás a aquellos que te desaniman o te hacen dudar de tu valía. Tú mereces estar rodeado de personas positivas y alentadoras.

Atrévete a perseguir tus sueños con determinación y pasión. No permitas que el miedo al fracaso o a la opinión de los demás te detenga. Confía en tu intuición y en tus habilidades. El mundo está esperando tus talentos y contribuciones únicas.

Recuerda que el camino hacia la transformación de tu autoestima puede tener sus altibajos, pero cada paso que des te acerca más a la plenitud y la confianza en ti mismo. Tú mereces vivir una vida llena de amor, felicidad y éxito. Atrévete a abrazar tu grandeza interior y a brillar con todo tu esplendor.

Así que levanta la cabeza, sonríe y atrévete a transformar tu autoestima. ¡Eres capaz de lograr todo lo que te propongas!

A continuación te voy a ayudar a implementar *los 21 mejores consejos* en tu vida diaria para que puedas desarrollar una *relación más saludable y amorosa contigo mismo.*

LOS 21 MEJORES CONSEJOS

Estos son *los 21 mejores consejos* para encender ese *superpoder* dentro de ti y transformar tu autoestima:

1. Ten consciencia de ti mismo

2. Aprende a confiar en ti

3. Cambia la forma en la que te hablas

4. Respétate y valórate a ti mismo

5. Piensa positivamente

6. Automotívate

7. Supera tus creencias limitantes

8. Transforma tus miedos

9. Aprende a decir no

10. No te compares con los demás

11. Perdónate a ti mismo

12. Aprende algo nuevo

13. Termina las cosas que empieces

14. Deja de quejarte

15. Ten compasión hacia ti mismo

16. Relaciónate con gente que te trate bien

17. Practica el "autocuidado"

18. Tómate un descanso

19. Usa afirmaciones positivas

20. Haz meditación

21. Elige un proyecto de vida

CONSEJO 1

Ten consciencia de ti mismo

"LA CONCIENCIA ES LA BRÚJULA DE LA VIDA HUMANA."

— *Confucio*

¿*Alguna vez te has preguntado quién eres realmente? ¿Te has detenido a reflexionar sobre tus pensamientos, emociones y acciones?*

La verdad es que muchas veces vivimos nuestra vida de manera automática, sin prestar atención a lo que ocurre en nuestro interior. Sin embargo, tener *consciencia* de ti mismo es clave para lograr una vida plena y satisfactoria.

¿Qué es tener consciencia de sí mismo? Tener *consciencia* de uno mismo es ser *consciente* de lo que uno piensa, siente y hace. Es ser capaz de reconocer nuestras fortalezas y debilidades, y saber cómo podemos mejorar.

Tener *consciencia* de nosotros mismos nos ayuda a tomar decisiones más acertadas, ya que somos capaces de comprender *qué es lo que realmente queremos y necesitamos.* Ser *consciente de uno mismo* también nos ayuda a establecer mejores relaciones interpersonales, porque somos capaces de comunicarnos mejor y entender a los demás.

¿Por qué es importante tener consciencia de uno mismo?

Es importante tener *consciencia* de uno mismo para mejorar la *autoestima*, porque así podremos identificar nuestras fortalezas y debilidades, apreciar lo que somos capaces de hacer y darnos cuenta de lo mucho que valemos.

También será más fácil aceptarnos tal y como somos, y no compararnos constantemente con los demás.

Por último, tener *consciencia* de uno mismo puede ayudarnos a lidiar con los sentimientos negativos, como la tristeza o el miedo. Esto nos permitirá desarrollar habilidades para afrontar los retos y lograr nuestros objetivos, lo que contribuirá a mejorar nuestra *autoestima*.

Causas que contribuyen a la falta de consciencia

La falta de *consciencia* hacia uno mismo puede ser el resultado de diversos factores, como la familia, la sociedad, la cultura o el entorno en el que vivimos.

En primer lugar, puede ser el resultado de una mala educación o una formación deficiente. Si durante la infancia y la adolescencia no aprendes a conocerte a ti mismo, es probable que continúes ignorando en la edad adulta.

En segundo lugar, la falta de *consciencia* suele estar relacionada con el egoísmo. Las personas egoístas tienden a centrarse en sí mismas y a ignorar las necesidades y sentimientos de los demás. Esto les impide ver sus propias deficiencias y limitaciones, lo que dificulta el *autoconocimiento.*

Finalmente, otro factor que puede causar la falta de *consciencia* es el miedo. Muchas personas tienen miedo de confrontarse a sí mismas, ya que temen descubrir cosas desagradables sobre su personalidad o su pasado. Esto les impide explorar su interior y conocerse en profundidad.

La *autoconsciencia* tiene el potencial de mejorar prácticamente todas las experiencias que tengas, puesto que es una herramienta y una práctica que se puede usar en cualquier sitio, en cualquier momento, evaluarse a sí mismo y a la situación de manera realista, y ayudarte a tomar buenas decisiones.

Para lograr un cambio real, impactante y duradero, las personas deben poder mirar hacia adentro y familiarizarse con ese entorno interno.

Ejercicios para mejorar tu autoconsciencia

La *autoconsciencia* es la base de la vida *consciente.* Es el punto de partida para todo lo que hacemos y pensamos. Por tanto, es importante aprender a desarrollarla y mejorarla. Existen muchos ejercicios prácticos que podemos realizar para mejorar nuestra *autoconsciencia.*

A continuación, te detallo algunos de ellos:

- *Estar atento a nuestras emociones*: es fundamental estar atento a lo que sentimos en cada momento. Debemos ser capaces de identificar qué emoción estamos experimentando y por qué. Solo así podremos controlarlas y gestionarlas de forma adecuada.

- *Hacer meditación*: la meditación nos ayuda a conectar con nuestro yo interno y a estar más presentes en el aquí y el ahora. De esta forma, podremos llegar a conocernos mejor a nosotros mismos.

- *Practicar el mindfulness*: el *mindfulness* nos enseña a prestar más atención y ser más conscientes del momento presente sin juzgar.

- *Mantener un diario*: escribir sobre tus experiencias, sentimientos y pensamientos te ayuda a ser más consciente de ti mismo y de tu entorno.

- *Hacer ejercicio*: el ejercicio no solo mejora nuestra salud física, sino que también nos ayuda a entender mejor nuestras emociones y sensaciones corporales.

- *Escuchar tu intuición*: la intuición es una herramienta importante para fortalecer la *autoconsciencia*. Intenta prestar atención a tus instintos para tomar decisiones mejor informadas.

◆ ◆ ◆

Los beneficios de tener consciencia de ti mismo

- *Mejora la autoestima*: La *consciencia* de ti mismo mejora tu *autoestima*, en particular tener una imagen positiva de uno mismo. Esto es valioso para desarrollar habilidades sociales y enfrentar los problemas del día a día.

- **Autoconocimiento**: El *autoconocimiento* es la parte más básica de la *consciencia* de uno mismo. Comprender *quién eres, cómo funcionas, qué te motiva y por qué haces las cosas* puede ayudarte a tomar mejores decisiones a largo plazo.

- **Toma de consciencia**: La toma de *consciencia* implica reconocer los estados emocionales y comportamientos que tienes, así como observar cómo influyen en tu vida diaria. Establecer este tipo de conexión entre lo que *sientes* y *piensas* ayuda a construir relaciones saludables.

- **Autocuidado**: La *consciencia* de uno mismo también ayuda a practicar el *autocuidado*, es decir, cuidar de ti mismo y satisfacer tus necesidades básicas, como dormir adecuadamente y comer saludablemente. Esto mejora la salud física y emocional.

- **Responsabilidad**: Al tomar *consciencia* de los propios sentimientos y comportamientos, una persona se convierte en responsable de las decisiones que toma y su impacto en la vida personal y ajena. Esto mejora la madurez emocional y genera mayores oportunidades de éxito a lo largo del camino.

Conclusión

Desarrollar la *consciencia* de uno mismo es fundamental para alcanzar el bienestar personal, ya que te ayuda a conocer tus límites y mejorar tu autoimagen.

Esta habilidad requiere tiempo, constancia y autodisciplina, además del apoyo emocional de quienes nos rodean.

Al practicarla diariamente podrás lograr un mayor control sobre aquello que sucede en tu interior y tomar decisiones acertadas para mejorar tus relaciones interpersonales e incrementar la calidad de vida.

CONSEJO 2

Aprende a confiar en ti

"LA CONFIANZA EN SÍ MISMO ES EL PRIMER SECRETO DEL ÉXITO."

— *Ralph Waldo Emerson*

¿*Por qué es tan difícil confiar en uno mismo?* Esta es una pregunta que me he hecho muchas veces. Y siempre llego a la misma conclusión: *la falta de confianza en uno mismo es un producto de la mente.*

La mayoría de nosotros hemos sido condicionados desde pequeños a buscar la aprobación y el reconocimiento de los demás. Estamos acostumbrados a buscar externamente lo que deberíamos estar buscando internamente.

Confiar en uno mismo es la base de la autoestima y nos permite afrontar el mundo con optimismo, apertura y entusiasmo.

La *falta de confianza*, por otro lado, puede darnos miedo e inseguridad, y hacernos sentir que no somos capaces de lograr lo que nos proponemos. *Confiar en uno mismo* también significa ser honesto contigo mismo y saber *quién realmente eres.*

Aprender a *confiar en ti mismo* puede ser un proceso largo y difícil, pero valdrá la pena si te permite vivir tu vida de forma plena y satisfactoria. Si bien es cierto que la *confianza en uno mismo* no se puede construir de la noche a la mañana, hay algunas cosas que puedes hacer para ayudarte a empezar el camino hacia la *confianza en ti mismo*.

Estas son algunas sugerencias útiles que debes tener en cuenta si deseas desarrollar una mayor *confianza en ti mismo:*

- *Acepta tus fortalezas y debilidades*. No es necesario ser perfecto para tener *confianza en ti mismo*; solo tienes que ser *consciente* de tus limitaciones y trabajar para mejorarlas. Al mismo tiempo, debes aprender a ver tu lado positivo y aceptar los logros que has hecho hasta ahora.

- *Valórate a ti mismo*. Recuerda todas las cosas buenas acerca de ti y practica *autoelogio*. No te juzgues demasiado duro.

- *Establece prioridades y objetivos realistas*. Esto significa definir objetivos a corto, mediano y largo plazo que sean alcanzables y trabajar para lograrlos paso a paso.

- *Practica la gratitud*. Escribir un diario de *gratitud* es una excelente forma de recordar todas las cosas buenas en tu vida. Piensa en las personas, experiencias y oportunidades que has tenido hasta ahora que han hecho que tu vida sea lo que es hoy en día.

- *Practica la asertividad*: aprende a decir *"no"* cuando sea necesario sin sentirte culpable ni ansioso por ello. Aprende a defender tus derechos sin ser agresivo ni manipulador, comunicando tus sentimientos de forma honesta y directa pero respetuosa con los demás. Esto contribuirá a una mejor relación entre tú y el entorno, ya que te permitirá expresarte con claridad, sin lastimar los sentimientos de los demás ni sucumbir ante sus demandas para evitar conflictos.

¿Por qué es importante confiar en ti?

Nuestra *autoestima* tiene un gran impacto en nuestras vidas y la forma en que nos relacionamos con los demás.

La *confianza en uno mismo* es esencial para el éxito personal y profesional, y también para la salud mental y física.

Cuando *confías en ti mismo* te sientes seguro con las decisiones que tomas, tienes el control sobre tu vida, crees en tus habilidades y de que eres capaz de conseguir objetivos, realizar con éxito una actividad o resolver una situación.

Por otro lado, las personas que confían en sí mismas son generalmente más resilientes y capaces de lidiar mejor con los problemas. También suelen ser más extrovertidos, lo cual les permite desarrollar mejor sus relaciones interpersonales.

La *confianza* es una poderosa energía. Por ello, cuanta mayor sea nuestra *confianza*, mayores serán probablemente nuestras facultades.

Identifica las causas que te impiden confiar en ti

Una de las principales causas de no confiar en uno mismo es la *falta de autoestima*. La *autoestima* es la valoración que hacemos de nosotros mismos y se nutre de nuestras experiencias, éxitos y fracasos.

Cuando tenemos una *baja autoestima*, tendemos a darnos la culpa de todo lo que va mal en nuestra vida y a considerar que no somos capaces de superar los obstáculos. Esto nos lleva a actuar con miedo e inseguridad, lo que a su vez aleja a las personas y oportunidades.

Otro factor que contribuye a la *falta de confianza* en uno mismo es el *miedo* al fracaso. Si supones que no eres capaz de afrontar un reto o no te atreves a intentarlo por miedo a equivocarte, nunca podrás saber qué hubiera pasado si lo hubieras intentado.

El miedo al fracaso paraliza y nos impide avanzar en la vida.

Ejercicios para mejorar tu confianza

¿Quieres aprender a confiar en ti mismo? Es posible que te hayas sentido inseguro en el pasado o que actualmente no estés del todo seguro de ti mismo. Esto es normal.

La inseguridad es una emoción común que todos experimentamos de vez en cuando.

Sin embargo, si tu nivel de inseguridad es extremo o está interfiriendo significativamente con tu vida, entonces es hora de hacer algo al respecto. La *confianza* es una característica muy importante para el éxito en la vida. Si no confías en ti mismo, es muy probable que fracasarás en tus intentos de lograr tus objetivos.

Si aprendes a confiar en ti mismo, te sorprenderás de lo mucho que puedes lograr.

Aquí hay algunos ejercicios que puedes hacer para mejorar tu confianza:

- **Identifica tus miedos**: *¿Qué es lo que te impide confiar en ti mismo? ¿Tienes miedo de fracasar o de no ser capaz de* *lograr algo?* Si identificas tus miedos, podrás comenzar a trabajar en ellos y superarlos.

- **Acepta tus limitaciones**: Nadie es perfecto y todos tenemos nuestras propias limitaciones. Aceptar esto te ayudará a ser más *consciente* de tus fortalezas y debilidades, y te dará la *confianza* necesaria para superar tus limitaciones.

- **Crea un plan**: Si quieres alcanzar un objetivo, es fundamental que crees un plan para lograrlo. Esto te dará la *confianza* necesaria para seguir adelante y no rendirte a la primera dificultad.

- **Celebra tus logros**: Una vez que hayas alcanzado un objetivo o iniciado el camino para conseguirlo, date un respiro y celebra tu éxito.

  Esto hará que te sientas orgulloso de ti mismo y mejorará tu *confianza en ti mismo*.

- **Acepta la retroalimentación**: Recibir retroalimentación puede ayudarte a entender tus fortalezas y debilidades, lo cual es clave para mejorar tu confianza en ti mismo.

- **Practica la autoafirmación**: Decir cosas positivas y constructivas acerca de ti mismo puede ayudarte a sentirte más seguro de ti mismo. Usar frases como *"puedo lograrlo"* o *"soy lo suficientemente bueno"* te ayudarán a mejorar tu *confianza en ti mismo*.

- **Aprende a delegar**: Delegar tareas te ayudará a sentirte más seguro de ti mismo y a confiar en que otros pueden hacer un buen trabajo. Esto mejorará tu *confianza en ti mismo* al saber que no tienes que hacerlo todo solo.

- **Respira profundo**: La respiración profunda es una excelente forma de relajarte y reducir el estrés. Esto te ayudará a liberar la tensión y enfocarte en la tarea, lo cual mejorará tu *confianza en ti mismo*.

- *Planifica tu tiempo*: La planificación es una maravillosa forma de mejorar tu *confianza en ti mismo*. Esto te ayudará a sentirte en control y te permitirá ver tus logros con mayor claridad.

- *Hacer ejercicio*: Mantenerse activo es una magnífica forma de liberar la tensión y aumentar la energía, lo cual puede ayudarte a mejorar tu *confianza en ti mismo*.

Los beneficios de aprender a confiar en ti

Una de las principales razones por las que muchas personas no alcanzan sus objetivos o no son felices, es porque no confían en sí mismas.

Es muy importante aprender a confiar en uno mismo, ya que esto te ayudará a lograr todo lo que te propongas y serás más feliz.

Aquí tienes algunos beneficios de *confiar en ti mismo*:

- Serás más seguro de ti mismo.
- Te sentirás mejor contigo mismo.
- Tendrás más energía y entusiasmo.
- Te será más fácil tomar decisiones.
- Conseguirás todo lo que quieres.
- Serás más feliz.

Conclusión

En conclusión, es relevante aprender a *confiar en uno mismo.* Esto es especialmente cierto cuando se trata de tomar decisiones valiosas.

Confiar en uno mismo significa tener fe en sus propias habilidades y capacidades. Es saber que, no importa lo que suceda, uno siempre puede encontrar una solución. Es ser resiliente ante los problemas y no permitir que las dificultades lo derroten.

Cada uno tiene su propia manera de confiar en sí mismo.

Algunos prefieren hacer una lista de los logros alcanzados, mientras que otros se motivan recordando sus metas y objetivos. Sea cual sea la forma que elijas para aumentar tu *autoestima,* es crucial recordar que el éxito no llega sin trabajo duro y perseverancia.

Aunque *confiar en uno mismo* puede ser difícil al principio, con el tiempo se convertirá en un hábito.

Al final, esta es la mejor manera de construir la seguridad en uno mismo y desarrollar la resiliencia necesaria para alcanzar los objetivos.

CONSEJO 3

Cambia la forma en la que te hablas

"LAS PALABRAS QUE PRONUNCIAS CREAN TU REALIDAD."

— *Louise Hay*

Cambia la forma en la que te hablas a ti mismo. No sigas siendo tan duro contigo mismo todo el tiempo. Date un descanso. Trata de ser más compasivo contigo mismo. Has estado haciendo tu mejor esfuerzo y eso es lo que importa.

No permitas que nadie, ni siquiera tú mismo, te diga lo contrario. Crea un ambiente de *autoestima* positiva a tu alrededor y date el crédito que mereces.

Si te sientes derrotado y sin esperanza, cambiar la forma en la que te hablas a ti mismo, puede cambiar tu perspectiva y mejorar tu humor.

Dite a ti mismo que eres fuerte y capaz. Dite a ti mismo que tienes el poder de superar las adversidades. Las palabras tienen un gran poder. Pueden hacerte sentir mejor o peor. Elige con cuidado las palabras que usas para hablarte a ti mismo.

Cuando te hablas a ti mismo de forma positiva, ayudas a construir una buena actitud dentro del cerebro. Esto puede generar un cambio constante en la forma en que nos percibimos a nosotros mismos y, por lo tanto, cómo nos relacionamos con los demás.

Con el paso del tiempo, nos sentiremos cada vez más seguros de nuestras propias habilidades, lo que puede llevar a un mayor bienestar emocional.

Aprende a cambiar el chip mental, deja de hablarte a ti mismo de manera negativa y comienza a hablarte con confianza.

Reduce los *"no puedo"*, *"nunca nada me sale bien"* y reemplázalos por mensajes alentadores, como *"me atrevo a hacerlo, no hay nada que me detenga"*; apagando pensamientos nocivos e invitando al positivismo en tu vida.

Repítete a diario un mensaje motivador: *YO PUEDO.*

¿Por qué es importante la forma en la que te hablas?

La manera en que nos hablamos a nosotros mismos es muy importante. Los pensamientos positivos y negativos que tenemos sobre nosotros mismos se manifiestan a través de nuestro lenguaje corporal y el tono de nuestra voz.

Si queremos cambiar nuestra forma de pensar, debemos cambiar la forma en la que nos hablamos.

El lenguaje en el que nos hablamos a nosotros mismos puede influir en nuestra *autoestima*, motivación, creatividad y productividad. Los pensamientos positivos nos ayudarán a sentirnos bien con nosotros mismos y lograr nuestras metas.

Por el contrario, los pensamientos negativos y la autocrítica excesiva pueden debilitar nuestro ánimo.

De este modo, es considerable que el lenguaje que utilicemos para hablarnos a nosotros mismos sea constructivo y motivante.

Reconociendo nuestras debilidades, aprendiendo a perdonarnos y siendo más indulgentes con nosotros mismos, podemos mejorar nuestro *autodiscurso*.

En resumen, es fundamental la manera en que nos hablamos a nosotros mismos porque puede tener un gran impacto en nuestra salud física y mental. Con el lenguaje adecuado, podemos construirnos y alcanzar nuestras metas.

¿Cuáles son las posibles causas por las que nos criticamos negativamente a nosotros mismos?

En general, tendemos a ser más críticos con nosotros mismos que con los demás. Nos fijamos en nuestros fallos y errores, y pasamos por alto nuestras cualidades y logros.

Otros aspectos que pueden contribuir a que nos hablemos mal a nosotros mismos son el estrés, la ansiedad, la frustración o la depresión.

Esto puede ser debido a varias cosas:

- *Nuestra educación*: desde pequeños nos enseñan a ser modestos y no presumir de nuestras hazañas. Así que, cuando somos adultos, pensar bien de nosotros mismos no nos viene naturalmente.

49

- *Los mensajes negativos que recibimos*: si siempre nos dicen que no valemos para nada o que nunca vamos a lograr nada, es probable que terminemos creyéndolo.

- *La comparación*: es inevitable en un mundo donde aparentemente todos tienen todo (por lo menos eso es lo que vemos en las redes sociales), es fácil caer en la trampa de compararnos con los demás y darnos por vencidos.

- *El autoconcepto*: muchas veces nos sentimos mal porque nuestro *autoconcepto* es bajo y consideramos que nunca podremos alcanzar la perfección. Este pensamiento limitante puede ser difícil de superar.

- *Inseguridades*: la inseguridad también puede ser una causa importante de hablarnos mal a nosotros mismos. La inseguridad puede venir de una variedad de lugares, como el pasado, el presente o la *falta de confianza en uno mismo*.

Ejercicios para empezar a hablarnos bien a nosotros mismos

Ejercicios prácticos para empezar a hablarnos bien a nosotros mismos y mejorar o aumentar nuestra *autoestima*:

- *Escribe una lista de todas las cosas que te gustan de ti mismo*, tanto interna como externamente. Asegúrate de incluir todo lo que te hace sentir orgulloso de ti mismo. *Léelas en voz alta.*

- *Hazte un elogio cada día.* No importa si es pequeño o grande, lo importante es que seas sincero contigo mismo. Por ejemplo: *"Me siento feliz porque he estado trabajando duro en mi carrera y hoy he conseguido un gran logro".*

- **Sé *consciente* de tu diálogo interno.** Presta atención a la forma en que hablas contigo mismo. *¿Te hablas de forma positiva o negativa?* Si encuentras que tu diálogo interno es negativo, haz un esfuerzo *consciente* para cambiarlo.

- ***Cuestiona tus palabras negativas hacia ti mismo.*** Cuando estés diciendo palabras negativas sobre ti mismo, cuestiónalos. *¿Lo que me estoy diciendo es verdad? ¿Hay alguna evidencia que respalden estas palabras?*

A menudo, nuestras palabras negativas son exageraciones o distorsiones de la realidad.

Beneficios de hablarnos bien a nosotros mismos

Nuestra *autoestima* tiene un impacto directo en nuestro bienestar y en la forma en que nos relacionamos con los demás. Aunque a veces no nos demos cuenta, el lenguaje corporal y la manera en que nos hablamos tienen un gran impacto en nuestra *autoestima*.

De hecho, según diversos estudios, el 85% de nuestras creencias sobre nosotros mismos son producto de lo que pensamos y decimos acerca de nosotros mismos. Por eso es tan importante aprender a hablarnos bien.

A continuación, algunos beneficios de hacerlo:

- ***Mejora tu relación contigo mismo***: Al adoptar un discurso interno positivo, experimentarás un aumento significativo en tu *autoconfianza* y seguridad personal, lo que te permitirá afrontar los desafíos de la vida con mayor serenidad.

- *Te ayuda a tomar mejores decisiones*: Cuando te hablas bien, estás más abierto a escuchar tus propios pensamientos y opiniones. Esto te ayuda a tomar decisiones informadas y saludables para tu bienestar físico, mental y emocional.

- *Mejora tu autoimagen*: Una de las principales ventajas de hablarte bien es que mejora tu percepción acerca de ti mismo. Empiezas a verte como alguien valioso, capaz y digno de amor. Esta mejora en tu autoimagen te ayudará a ser más feliz y satisfecho contigo mismo.

- *Te ayuda a manejar el estrés*: El hablarte bien te ayuda a reducir el estrés al crear un ambiente emocional más positivo. Esto te ayuda a no entrar en pánico o a enfrentarte con los retos de la vida con mayor tranquilidad.

Conclusión

La forma en que nos hablamos a nosotros mismos tiene un gran impacto en nuestra *autoestima*. Si nos hablamos de manera positiva y optimista, estaremos mucho mejor preparados para afrontar los desafíos de la vida.

Por el contrario, si nos hablamos de manera negativa y derrotista, probablemente terminemos sintiéndonos mal con nosotros mismos.

Cambiar la forma en que te hablas puede ser difícil, pero es muy importante si quieres mejorar tu autoestima.

Aquí hay algunas cosas más que puedes hacer:

- *Enfócate en lo bueno*: cuando te hables a ti mismo, trata de concentrarte en tus logros y triunfos. Deja de lado los fracasos y empieza a ver el lado positivo de las cosas.

- *Habla como si ya fueras un éxito*: imagina que ya has alcanzado todos tus objetivos. *¿Cómo te hablarías entonces?* Seguro que sería con orgullo y confianza.

CONSEJO 4

Respétate y valórate a ti mismo

"APRENDER A AMARSE A SÍ MISMO ES EL COMIENZO
DE UN ROMANCE DE POR VIDA."

— *Oscar Wilde*

¿*Alguna vez te has sentido mal contigo mismo?* ¿*Te has comparado con otras personas y sientes que no eres lo suficientemente bueno?* Es momento de dejar esos pensamientos atrás y comenzar a *respetarte y valorarte a ti mismo.*

Hay muchas formas en que podemos *respetarnos y valorarnos a nosotros mismos.* A veces, puede ser tan simple como tomar un tiempo para hacer las cosas que disfrutamos o darnos un pequeño capricho de vez en cuando.

También podemos practicar la autocompasión y el perdón, especialmente cuando nos sentimos mal con nosotros mismos.

¿Qué es el respeto?

El *respeto* es la base de toda relación sana. Es el acto de reconocer los derechos, las necesidades y el valor inherente de cada persona.

El *respeto* es una forma de *amor incondicional*. Se trata de aceptar a alguien sin importar lo que haga o diga. Implica no solo tolerancia, sino también comprensión y admiración.

¿Por qué es importante respetarte y valorarte a ti mismo?

Respetarte a ti mismo es muy importante porque te ayuda a mejorar tu *autoestima y confianza*. Si no te respetas a ti mismo, es probable que otros tampoco lo hagan.

Valorarte a ti mismo es igual de importante, ya que te permite establecer límites saludables y ser asertivo en tus relaciones.

Cuando no te valoras, puedes permitir que otros te traten de una manera que realmente no mereces.

¿Cuáles son las posibles causas por la que no te respetas o no te valoras a ti mismo?

Podría haber varias causas. Una de las más comunes es el hecho de que hayas vivido una infancia difícil, en la que tal vez no te sentiste querido o valorado por tus padres.

Otra posible causa es que hayas estado rodeado de personas que no te respetaban y, por lo tanto, aprendiste a imitar ese comportamiento.

También puede ser que simplemente no te hayas tomado el tiempo necesario para *conocerte* y *aprender a quererte*.

Si bien todas estas son posibles causas, la buena noticia es que siempre puedes cambiar la forma en que te tratas y empezar a darte el *amor* y el *respeto* que mereces.

Ejercicios para empezar a respetarte y valorarte a ti mismo

Para empezar a *respetarte y valorarte a ti mismo*, es importante que hagas ejercicios prácticos para reconocer tus límites y necesidades. Aquí hay algunos ejercicios que puedes hacer:

- *Escribe una lista de todas las cosas que te gusta hacer*. Asegúrate de incluir actividades físicas, mentales y creativas. Luego, haz otra lista de todas las cosas que te hacen sentir bien. *¿Hay alguna coincidencia entre las dos listas?* Si no, *¿qué podrías hacer para cambiar eso?*

- *Toma el control de tu tiempo*. Dedica un tiempo cada día a hacer algo que te guste o te inspire. Puedes leer, escribir, pintar, nadar, correr o simplemente pasear en silencio. La clave es encontrar algo que te ayude a relajarte y recargar energía.

- *Aprende a decir "no"*. No tienes por qué complacer a todo el mundo siempre. A veces es necesario decir *"no"* para proteger tus intereses y hacer respetar tus límites.

- *Acepta los elogios*. Cuando la gente te alaba, recibe los halagos con gracia. Aprende a decir *"gracias"* en lugar de minimizar o desestimar los elogios que recibas.

- *Toma tus propias decisiones*. Aunque a veces puede ser difícil tomar la iniciativa, es importante que aprendas a tomar tus propias decisiones sin sentirte culpable o intimidado por otros. Esto te ayudará a hacerte responsable de tu vida y *valorarte más a ti mismo*.

Los beneficios de valorarte y respetarte a ti mismo

Valorarse a uno mismo es el acto de reconocerse como una persona que vale la pena y digna de respeto. Es la base para construir la *autoestima* y el *amor propio*.

Algunos beneficios de *valorarte y respetarte a ti mismo son*:

- Estarás más seguro de ti mismo y te sentirás mejor contigo mismo.

- Confianza en ti mismo para tomar decisiones.

- Desarrollarás relaciones más saludables basadas en el respeto mutuo.

- Serás más capaz de lidiar con los problemas y las adversidades que se presenten en tu vida.

Conclusión

Debes *respetarte y valorarte a ti mismo* si quieres que los demás te respeten y te valoren. Si no te respetas a ti mismo, es muy probable que tampoco recibas el respeto de los demás.

Valorar tu propio esfuerzo y trabajo es la base para que otros te valoren también.

Cuando te quieras de verdad, será más fácil atraer la atención de las personas que quieres estén cerca de ti.

CONSEJO 5

Piensa positivamente

"SI TIENES PENSAMIENTOS POSITIVOS, ATRAERÁS
COSAS POSITIVAS."

— *Rhonda Byrne*

Si quieres mejorar tu *autoestima*, entonces debes empezar a *pensar de forma más positiva*. Cuando piensas en ti mismo de forma negativa, solo estás exacerbando tus propios defectos y haciéndote sentir peor.

En cambio, si te concentras en *pensamientos positivos*, te sentirás mejor contigo mismo y tendrás más confianza. No te compares con los demás, sino que celebra lo que te hace único.

Aprecia todo lo bueno que hay en ti y reconócelo. Deja de lado los "debería" y enfócate en ser la mejor versión de ti mismo.

Es importante recordar que podemos controlar nuestros pensamientos y emociones para producir resultados beneficiosos. Cuando cambiamos nuestro punto de vista y nos centramos en lo bueno que hay en nuestra vida, podemos aumentar significativamente nuestra satisfacción personal y nuestro sentido de valía.

No hay nada que no podamos lograr si tomamos el tiempo para *pensar positivamente* y nos esforzamos por mejorar nuestro estado de ánimo.

Aprende a ver la vida con optimismo, y notarás una gran mejora en tu *autoestima*. ¡Cambia tu perspectiva y descubre los beneficios de *pensar positivamente*!

¿Por qué es importante pensar positivamente?

Es importante *pensar positivamente* porque te ayuda a mejorar tu *autoestima*. Cuando piensas positivamente, te sientes mejor contigo mismo y esto se traduce en una mayor *confianza en ti mismo*.

La confianza es una de las cosas más fundamentales para tener éxito en la vida. Si no confías en ti mismo, es muy difícil que otros lo hagan.

También puedes lograr una mayor felicidad y motivación al *pensar positivamente*. Si tienes una actitud positiva, verás los problemas como un desafío en el que puedes progresar. Esto te ayudará a enfrentarte a los desafíos con más seguridad, lo cual es clave para el éxito.

Además, la forma en la que piensas afecta tu estado de ánimo general. Cuando eres negativo, te sientes triste o abrumado.

Por otro lado, cuando eres positivo, experimentas emociones más saludables como la alegría y el entusiasmo. Estas emociones son contagiosas y pueden ser un gran impulso para ti mismo y para aquellos a tu alrededor.

Pensar positivamente también ayuda a mejorar tu salud mental y física. Esto se debe a que cuando tienes una actitud positiva, estás más abierto a nuevas experiencias, lo que te ayuda a lidiar con el estrés y la ansiedad.

También ayuda a reducir los síntomas de depresión y ansiedad, así como a mejorar tu sistema inmune para combatir enfermedades.

Orígenes de los pensamientos negativos

Los pensamientos negativos son una forma de *autosabotaje* que puede minar la *confianza* y el optimismo. A menudo, estos pensamientos se centran en nuestras deficiencias y en lo que falta en nuestras vidas.

También pueden surgir cuando estamos comparando nuestra vida con la de otras personas, lo cual es una forma muy poco saludable de medir nuestro propio éxito.

Las personas con baja autoestima tienden a tener estos pensamientos negativos con más frecuencia, lo que les impide llevar una vida plena y feliz.

Si te sientes abrumado por los pensamientos negativos, aquí tienes algunas maneras de lidiar con ellos:

- **Reemplaza los pensamientos negativos con pensamientos positivos.** Si te dices a ti mismo cosas como "soy un fracaso", trata de reemplazar esa frase con algo más constructivo, como "aprendo de mis errores y me esfuerzo por ser mejor".

- **Practica la aceptación.** A veces, nuestros pensamientos negativos reflejan preocupaciones reales sobre nosotros mismos o nuestra vida. En lugar de resistir estos pensamientos y tratar de bloquearlos, intenta aceptarlos como parte de tu experiencia humana y trabaja para deshacerte gradualmente de ellos.

- **Practica la gratitud.** La gratitud es una forma poderosa de cambiar los pensamientos negativos en positivos. Trata de tomarte algún tiempo para reflexionar diariamente sobre las cosas buenas que tienes en tu vida.

- **Busca ayuda profesional.** Si los pensamientos negativos te están afectando significativamente, busca ayuda de un profesional para obtener apoyo y herramientas adicionales para lidiar con ellos.

Ejercicios para pensar positivamente

¿Quieres mejorar tu autoestima? Entonces, ¡empieza a *pensar positivamente*!

El primer paso para mejorar la *autoestima* es cambiar la forma en que piensas. Deja de ser crítico contigo mismo y comienza a ser amable y comprensivo. Acepta tus defectos y celebra tus logros, por grandes o pequeños que sean.

El siguiente paso es tomarte el tiempo para hacer las cosas que te gustan y te hacen sentir bien contigo mismo. Haz ejercicio, practica un hobby, lee un buen libro… ¡Tú eliges! La idea es que te tomes el tiempo para ti y te permitas disfrutar de las actividades que te llenan de energía positiva.

Otro consejo es rodearte de gente positiva que valore lo maravilloso que eres. Esto te ayudará a reforzar los *pensamientos positivos* sobre ti mismo. Cuando estés rodeado de personas que te quieran y admiren, tu *autoestima* aumentará.

También sigue estos pasos para *pensar positivamente* y mejorar tu *autoestima*:

- **Escribir una lista de afirmaciones positivas**: Toma un cuaderno y escribe todas las cosas buenas sobre ti mismo que puedas imaginar. Intenta hacerlo por escrito porque el acto de escribir ayuda a reforzar los *pensamientos positivos* en tu mente. Cuando termines, lee la lista todos los días para recordarte lo fantástico que eres.

- **Meditar**: La meditación es una excelente forma de liberar la tensión acumulada en el cuerpo y relajarse. Prueba a practicarla al menos 15 minutos al día para ayudarte a centrarte en los *pensamientos positivos*.

- **Elogia a los demás**: Elogiar a alguien es una forma de decirle lo notable que es, pero además también te ayuda a sentirte mejor contigo mismo. Intenta encontrar algo bueno en cada persona que conozcas y explícales por qué son increíbles.

- **Aprende algo nuevo**: Estudiar un tema nuevo o aprender una habilidad diferente puede ser muy emocionante y divertido. Esto te ayudará a sentirte orgulloso de ti mismo y mejorará tus pensamientos.

Los beneficios de pensar positivamente

Los beneficios de pensar positivamente son innumerables. Algunos de los beneficios más importantes incluyen mejoras en la salud, el bienestar general, la *autoestima* y las relaciones.

Cuando pensamos positivamente, nos sentimos mejor física y emocionalmente, y esto se traduce en una vida más saludable y feliz.

Conclusión

En conclusión, pensar positivamente es una forma efectiva de mejorar tu *autoestima*. Te ayuda a verte a ti mismo de manera más favorable y te motiva a lograr tus objetivos. Al hacerlo, también te sientes mejor contigo mismo y disfrutas de la vida más.

Además, pensar positivamente nos ayuda a lidiar mejor con los problemas y desafíos de la vida, ya que nos permite verlos como una oportunidad para crecer y madurar.

Finalmente, al *pensar positivamente,* también podemos tener relaciones más saludables con los demás.

CONSEJO 6

Automotívate

"LA MOTIVACIÓN NOS IMPULSA A COMENZAR Y EL HÁBITO NOS PERMITE CONTINUAR."

— *Jim Ryun*

Te has preguntado por qué algunas personas parecen estar siempre motivadas y otras no? ¿Por qué es tan fácil para algunas personas lograr sus metas, mientras que para otras es una lucha constante? La respuesta se encuentra en la forma en que cada persona se *automotiva*.

La *autoestima* es la base de la motivación. Si crees en ti mismo y en tus habilidades, será mucho más fácil motivarte a hacer las cosas necesarias para lograr tus objetivos.

Cuando te sientes bien contigo mismo, estás más dispuesto a tomar riesgos y asumir desafíos. Estás seguro de que puedes lograr lo que te propongas, porque confías en ti mismo.

La forma en que te automotivas tiene un gran impacto en tu *autoestima*. Si te concentras en tus fracasos y te comparas con los demás, tu *autoestima* va a sufrir.

En cambio, si te concentras en tus éxitos y aprendes de tus fracasos, te sentirás motivado para generar algo que te empuje a alcanzar tus metas.

Establece un plan de acción con objetivos autoimpuestos y rompibles que te permitan ver tus progresos hacia la realización de tus sueños. Esto puede ser desde aprender un nuevo idioma hasta completar tu primer proyecto *freelance*.

Establecer pequeñas metas te mantendrá motivado y te ayudará a seguir adelante en tu camino.

La capacidad de *automotivarse* es esencial para impulsarse a uno mismo, a pasar a la acción y lograr objetivos.

Esta habilidad puede ser de dos tipos: interna, cuando uno se motiva a sí mismo, y externa, cuando son las personas o circunstancias ajenas las que nos motivan.

La *automotivación* es un factor clave en el éxito, ya que nos ayuda a trabajar con entusiasmo y dedicación, lo que conduce a una mejora en la calidad de nuestro trabajo y nos permite superar obstáculos y lograr nuestras metas.

La automotivación es una habilidad que se puede adquirir, y con la práctica se puede convertir en un hábito.

Esto implica no solo motivarse a sí mismo, sino también fomentar el entusiasmo de los demás, establecer metas realistas, aceptar el fracaso como parte del proceso de aprendizaje y trabajar para obtener los resultados deseados.

La *automotivación* nos brinda la oportunidad de hacer crecer nuestro potencial y mejorar nuestras habilidades personales para alcanzar metas, superar obstáculos y progresar como profesionales.

La motivación es un elemento importante del proceso de autodescubrimiento, ya que nos ayuda a descubrir quiénes somos, qué queremos y cómo podemos lograrlo.

¿Cómo mantenerte motivado?

Si no estás motivado, es difícil mejorar tu *autoestima*. Aquí hay algunos consejos para mantenerte motivado:

- **Identifica tus objetivos.** *¿Qué quieres lograr? ¿Por qué quieres lograrlo?* Escribirlos o decirlos en voz alta puede ayudarte a recordar lo que quieres y por qué te importa.

- **Visualiza el éxito.** Imagina *cómo será cuando hayas logrado tus objetivos. Qué sensaciones tendrás, qué harás, etc.* Al hacerlo, te sentirás más motivado para seguir adelante y lograrlo de verdad.

- **Encuentra un modelo a seguir o un mentor.** Busca a alguien que ya haya logrado lo que tú quieres y aprende de su ejemplo. Pregúntale cómo lo logró y qué consejos puede darte para que tú también puedas triunfar.

- **Establece pasos pequeños para llegar a tu objetivo.** La motivación se alimenta con la satisfacción de los logros conseguidos, así que establece pequeñas metas que puedas cumplir fácilmente y te mantengan motivado para seguir avanzando hacia el éxito.

- **Recompénsate por cada logro conseguido.** Cuando consigues uno de tus objetivos, date una recompensa para mantenerte motivado y no perder el interés.

¿Por qué es importante mantenerse motivado?

Cuando estás motivado, estás dispuesto a hacer lo necesario para alcanzar tus objetivos. Te esfuerzas por superarte y mejorar constantemente.

Automotivarse significa ser tu propio motor, tu propia fuerza impulsora. Significa despertarte cada día con ganas de hacer las cosas, con energía y entusiasmo. Ser automotivado te ayuda a llevar una vida plena y satisfactoria.

La clave para estar motivado y *automotivado* es tener metas claras y alcanzables. Si no sabes lo que quieres, es muy difícil mantener el impulso necesario para lograrlo.

Tener objetivos te da un sentido de dirección y te ayuda a concentrarte en lo que realmente importa. Esto te ayuda a eliminar distracciones innecesarias y mantener un enfoque positivo.

¿Qué causa la desmotivación?

La desmotivación puede ser causada por muchos factores diferentes. A veces, la desmotivación es una respuesta natural a un entorno estresante o abrumador. Otras veces, la desmotivación puede ser causada por un trastorno de salud mental, como la depresión o el trastorno de ansiedad.

También puede haber otros factores en juego, como el cansancio crónico o el estrés acumulado.

Otra causa común de desmotivación es el aburrimiento. Si una persona se siente aburrida por hacer la misma tarea una y otra vez, es probable que pierda interés y tienda a desmotivarse.

La falta de incentivos puede ser otro factor importante en la desmotivación, ya que muchas personas necesitan sentir que están realizando algo significativo para conseguir una recompensa.

Finalmente, la desmotivación también puede deberse a la falta de confianza. Si una persona no cree en sí misma y en sus habilidades, es probable que pierda interés y se desmotive rápidamente.

Ejercicios para aumentar la automotivación

Los ejercicios son una parte crucial del proceso de mejorar la *autoestima*. La mayoría de las personas necesitan un empujón para superar los obstáculos y alcanzar sus objetivos, y estos ejercicios pueden ayudar.

No importa qué tan pequeño o grande sea el objetivo, completar un ejercicio práctico para aumentar la motivación te ayudará a sentirte mejor contigo mismo y a tu capacidad de lograr lo que te propongas.

- **Define tus objetivos.** Escribe tus metas de vida y trabajo a corto, mediano y largo plazo. Establece un plan paso a paso para alcanzarlos.

- **Utiliza la visualización creativa** para imaginar lo que sentirás cuando completes cada meta. Concéntrate en los detalles: *¿Cómo te verás? ¿Qué harás? ¿Cómo te sentirás?*

- **Establece hitos o fechas límite para cada meta** del plan paso a paso, y establece hitos intermedios para motivarte a ti mismo. Anota los logros en una libreta o en tu teléfono móvil, y celebra tus logros alcanzados con algo que te guste.

- *Haz una lista de los recursos necesarios* para completar tu plan de acción, incluyendo personas que puedan ayudarte con consejos y orientación.

- *Establece un proceso de retroalimentación* para evaluar tus logros a medida que avanzas en tu plan paso a paso. Establece tiempos para la *autoevaluación*, comentarios de otras personas y anotaciones sobre las lecciones aprendidas.

- *Emplea la programación neurolingüística (PNL)* para estructurar tu lenguaje interno de manera positiva, lo que te ayudará a mantenerte motivado y energizado incluso cuando los desafíos se ponen difíciles.

- *Regálate premios pequeños por tus logros* para mantenerte motivado y centrado en el objetivo final. Elige algo pequeño pero significativo, como una barra de chocolate, un libro o una película favorita.

- *Utiliza técnicas de respiración profunda* para maximizar los niveles de energía y reducir el estrés. Esta técnica te ayudará a centrarte en los pasos necesarios para alcanzar tus metas.

- *Desarrolla tus habilidades de pensamiento positivo* mediante la lectura de libros motivacionales, escuchando pódcast inspiradores o visualizando videos motivacionales.

- *Mantén un diario de éxito* donde anotes todas las cosas buenas que haces durante cada día. Sé sincero contigo mismo y anota incluso los logros más pequeños para recordarte que eres capaz de cumplir tus objetivos.

◆ ◆ ◆

Los beneficios de la automotivación

La *automotivación* es la clave para mejorar la *autoestima*. La *autoestima* es la valoración que hacemos de nosotros mismos y determina cómo nos sentimos en general.

Si tenemos una *baja autoestima*, tendremos menos confianza en nosotros mismos y seremos más propensos a experimentar ansiedad y depresión.

Mejorar la autoestima requiere trabajo, pero vale la pena el esfuerzo. La automotivación es una parte importante de este proceso.

Entre los beneficios de mantenernos motivados tenemos:

- *Aumenta el sentido de control sobre la vida*: La *automotivación* es una forma de tomar el control de tu vida y decidir lo que quieres para ti mismo. Esto te ayuda a desarrollar un sentido de seguridad interna y te da la confianza necesaria para creer en tus habilidades y enfrentarte a los desafíos con determinación.

- *Desarrolla un pensamiento positivo*: La *automotivación* contribuye al desarrollo del pensamiento positivo, ya que requiere que te centres en las cosas buenas que ocurren, sin prestar atención al ruido perjudicial y negativo que hay a tu alrededor. Esto es especialmente relevante cuando lidias con malos momentos o fracasos; necesitas mantenerte motivado y centrado en lo que quieres lograr.

- *Mejora la disciplina personal*: La *automotivación* también te ayuda a desarrollar la disciplina personal. Esto significa que trabajas con más enfoque para alcanzar tus metas, en lugar de posponerlas o dejar que otras cosas te distraigan de ellas. Esta disciplina puede mejorar tu *autoestima*, ya que sentirás que eres capaz de cumplir con lo que te propongas.

- **Desarrolla la perseverancia**: La *automotivación* también te ayuda a desarrollar la perseverancia. Esto significa que aprendes a ser resiliente a los fracasos y obstáculos y seguir luchando sin perder el ánimo ni la motivación. Esto te permite superarte a ti mismo y alcanzar tus objetivos, lo cual es un gran paso hacia el fortalecimiento de tu *autoestima*.

- **Ayuda a mejorar la satisfacción personal**: Cuando te *automotivas*, te sientes satisfecho contigo mismo porque estás trabajando para mejorar tu vida y alcanzar tus objetivos. Esta sensación de satisfacción se traduce en una mayor *confianza en ti mismo* y una mejor *autoestima*.

En resumen, la automotivación es una herramienta muy útil para mejorar tu *autoestima*. Te ayuda a tomar el control de tu vida, desarrollar un *pensamiento positivo*, mejorar tu disciplina personal, desarrollar la perseverancia y aumentar la satisfacción personal. Estas son todas las cosas que contribuyen al fortalecimiento de tu *autoestima*.

Conclusión

La *automotivación* es importante para mejorar la *autoestima* porque te ayuda a tomar el control de tu vida y a sentirte mejor contigo mismo.

La automotivación te ayuda a superar los retos y lograr tus objetivos, lo que te hace sentir más seguro de ti mismo y mejora tu autoestima.

A través de la *automotivación* también puedes descubrir tus fortalezas y aprender a usarlas para alcanzar tus metas. Esto te permite ver tu propio potencial y desarrollar *confianza en ti mismo*, lo que contribuye a mejorar tu *autoestima*.

CONSEJO 7

Supera tus creencias limitantes

"SI CREES QUE PUEDES, YA ESTÁS A MEDIO CAMINO."

— *Henry Ford*

¿Cuántas veces has sentido que no puedes lograr algo por creer que no eres lo suficientemente bueno?

¡Es hora de dejar atrás esas *creencias limitantes*!

Nuestras *creencias limitantes* están formadas por una mezcla de lo que nos han dicho los demás, lo que hemos aprendido a través de la experiencia y lo que pensamos en nuestro interior. A menudo, estas creencias no tienen ningún fundamento real; simplemente son ideas negativas que se han quedado en nuestra mente.

Si permitimos que estas creencias nos controlen, nos limitaremos a nosotros mismos y nunca podremos lograr todo lo que deseamos en la vida.

Algunos ejemplos comunes de *creencias limitantes* son: *"No soy lo suficientemente bueno"*.

"No puedo cambiar mi vida".

"La gente me juzgará si trato algo nuevo". "Nunca lograré mis metas"

"Soy demasiado viejo para tener éxito".

Si te sientes identificado con alguna de estas creencias, debes empezar a trabajar para superarlas. Esto no es fácil, pero es posible. Comienza por cuestionar cada una de estas creencias y encuentra evidencias que las contradigan.

Busca apoyo de tu familia, amigos o un terapeuta, coach, psicólogo si necesitas ayuda para hacer este proceso. No permitas que tus *creencias limitantes* te detengan. Trabaja para superarlas y abraza tu potencial.

◆ ◆ ◆

¿Por qué es importante superar las creencias limitantes?

Muchas personas se quedan atrapadas en sus propias *creencias limitantes*, lo que les impide avanzar y lograr sus objetivos. Es importante identificar estas creencias y trabajar para superarlas.

Las creencias limitantes pueden afectar negativamente nuestra vida, limitando nuestras posibilidades y potencial.

Al superar tus *creencias limitantes*, puedes alcanzar nuevas alturas y lograr cosas que antes no considerabas posibles.

Esto te ayudará a desarrollar una mentalidad positiva y optimista que te permitirá vivir la vida plenamente.

Si nos quedamos atrapados en ellas, podemos llegar a sentirnos abrumados y sin esperanza. Por eso debemos intentar superarlas para poder alcanzar nuestros objetivos y vivir la vida con plenitud.

¿Cuáles son las raíces de las creencias limitantes?

Una *creencia limitante* es una opinión que nosotros mismos hemos formado sobre nuestras capacidades. *A veces, estas creencias son erróneas y nos impiden alcanzar nuestro verdadero potencial.*

Otras veces, son exageraciones de nuestras verdaderas habilidades. En cualquier caso, las *creencias limitantes* pueden obstaculizar el camino hacia el éxito.

Existen varias razones por las que podemos desarrollar *creencias limitantes*. A menudo, estas creencias se originan en la infancia, cuando absorbemos los prejuicios y las opiniones de los demás.

También pueden surgir de experiencias negativas o fracasos, especialmente si no logramos superarlos o aprendimos la lección incorrecta de ellos. Otras veces, simplemente se trata de *miedo* al cambio o a lo desconocido.

Independientemente de sus raíces, lo importante es reconocerlas y trabajar para superarlas. *Con el tiempo y el esfuerzo, puedes deshacerte de tus creencias limitantes y liberar tu potencial para alcanzar lo que te propongas.*

Ejercicios para superar las creencias limitantes

1. ***Toma un papel y un bolígrafo. En el papel, escribe tus creencias limitantes acerca de ti mismo.*** Asegúrate de ser específico.

2. ***Examina cada una de tus creencias limitantes.*** *¿De dónde provienen? ¿Qué eventos o experiencias han contribuido a que estas creencias se hayan formado en tu mente?*

3. *Luego, escribe en el papel por qué cada una de estas creencias es falsa o no tiene sentido.* Asegúrate de ser lo suficientemente convincente para convencerte a ti mismo de que estás equivocado acerca de esa creencia particular.

4. *Repite este ejercicio* cada vez que sientas que tus *creencias limitantes* te están impidiendo alcanzar tus metas o lograr lo que deseas en la vida.

Cada mañana, al levantarte, repite una frase positiva acerca de ti mismo. Por ejemplo: *"Soy capaz de alcanzar mis metas".*

Esto te ayudará a reforzar tu confianza en ti mismo y te dará la motivación para hacer las cosas.

- *Busca un mentor o un coach que pueda ayudarte a identificar y superar tus creencias limitantes.* Esta persona te guiará para que aprendas maneras de usar tu energía positiva para alcanzar tus objetivos.

- *Utiliza la visualización para manifestar lo que deseas en tu vida.* Imagina y visualiza con todos los detalles cómo sería tu experiencia si lograras superar tus *creencias limitantes.*

- *Participa en actividades o ejercicios que te ayuden a desarrollar tu autoestima y confianza.* Esto incluye hablar en público, hacer cosas nuevas, practicar un deporte, etc.

- *Rodéate de personas positivas y optimistas.* Estas personas te darán ánimos para superar tus *creencias limitantes* y te ayudarán a ver la vida de manera más positiva.

Ten presente que el cambio es un proceso lento y gradual. Acepta que no puedes cambiar tus creencias limitantes de la noche a la mañana.

Será un trabajo duro, pero valdrá la pena si persistes.

Los beneficios de deshacernos de las creencias limitantes

Hay muchas maneras en las que podemos beneficiarnos si nos deshacemos de nuestras *creencias limitantes*. Al liberarnos de estas creencias, nos permitimos ser más auténticos y vivir una vida más plena.

También nos abrimos a nuevas posibilidades y experiencias, y aumentamos nuestra capacidad para manifestar lo que realmente queremos.

Conclusión

Las *creencias limitantes* son aquellas que nos impiden alcanzar nuestras metas y objetivos. Muchas de estas creencias se han formado a lo largo de nuestra vida, y pueden ser muy difíciles de cambiar.

Sin embargo, es importante trabajar en ellas si queremos mejorar nuestra *autoestima* y lograr lo que queremos en la vida.

Aquí hay algunos consejos más para superar las *creencias limitantes*:

- *Acepta que tienes creencias limitantes*. El primer paso para superarlas es reconocerlas. Puede ser difícil admitir que tenemos este tipo de pensamientos, pero es necesario para poder cambiarlos.

- *Identifica cuáles son tus creencias limitantes.* Lleva un registro de tus pensamientos negativos durante una semana o dos, y busca patrones. *¿Qué te dice tu mente cuando tratas de hacer algo nuevo o salir de tu zona de confort? ¿Cuál es el mensaje subyacente?* Esto te ayudará a identificar tus *creencias limitantes.*

- *Desafía esas creencias limitantes.* Pregúntate si hay alguna forma en que puedas desafiar estos pensamientos negativos. Intenta buscar pruebas de que esas creencias no son ciertas, y acepta la evidencia cuando la encuentras.

- *Reemplaza las creencias limitantes con pensamientos más positivos.* Cuando te encuentres pensando en tus viejas ideas limitantes, trata de reemplazarlas con nuevas *afirmaciones positivas* sobre ti mismo y sobre lo que quieres lograr. Esto te ayudará a construir una imagen más sólida de ti mismo y mejorar tu *autoestima.*

CONSEJO 8

Transforma tus miedos

"NUNCA DEJES QUE EL MIEDO A PERDER TE IMPIDA JUGAR."

— *Michael Jordan*

¿Te has preguntado alguna vez cómo sería tu vida si no estuvieras limitado por tus miedos? ¿Qué harías si pudieras superar esa sensación de temor que a veces te paraliza y te impide avanzar en tus objetivos?

Sea cual sea tu *miedo*, puede estar interfiriendo en tu *autoestima* y limitando tus posibilidades. Pero, afortunadamente, podemos aprender a controlar nuestros miedos para que no nos dominen.

Una de las mejores formas de lidiar con el miedo es enfrentarlo directamente.

Por ejemplo, si tienes *miedo* a hablar en público, puedes comenzar por hablar en voz alta frente a un espejo o incluso inscribirte en un curso de oratoria. Aprenderás a controlar el *miedo* y, al mismo tiempo, estarás reforzando tu *autoestima*.

No te compares con los demás. A menudo, nuestro *miedo* está relacionado con la comparación: pensamos que no somos lo suficientemente buenos o que no tenemos las mismas habilidades que los demás. Esto puede llevar a una *baja autoestima*.

Haz algo que te haga sentir bien. Cuando estás rodeado de pensamientos negativos y *miedo*, es importante encontrar maneras de relajarte. Puedes intentar meditar, hacer ejercicio o cualquier actividad que te guste y te ayude a relajarte. Esto puede ayudarte a superar el *miedo* y aumentar tu *autoestima*.

Recuerda que todos en algún momento tenemos miedo.

A veces nos sentimos como si fuésemos los únicos que lidiamos con el *miedo*, pero la realidad es que todos lo hacemos. Recuerda que no estás solo y que hay mucha gente ahí para apoyarte si lo necesitas.

¿De qué manera puedo transformar los miedos para mejorar la autoestima?

El *miedo* es una emoción natural que todos experimentamos.

Sin embargo, el miedo puede convertirse en un problema cuando se convierte en algo paralizante y nos impide llevar una vida plena.

El *miedo* también puede afectar negativamente nuestra *autoestima*. A continuación, te presento cinco maneras de transformar tus *miedos* para mejorar tu *autoestima*:

1. ***Acepta que tienes miedo***: La primera y quizás la mayor barrera para superar el *miedo* es el rechazo a admitirlo. Muchas personas creen erróneamente que admitir que tienen *miedo* significa que son cobardes o débiles. ¡Nada podría estar más lejos de la verdad! El ser humano es

naturalmente vulnerable y expuesto a los peligros del mundo exterior e interior. Aceptar que tienes *miedo* es un paso importante hacia tu bienestar emocional.

2. ***Reconoce tus fortalezas:*** Cuando sientes *miedo*, el camino más fácil es centrarse en tus debilidades e inseguridades. En lugar de esto, prueba a reconocer y destacarte por lo que haces bien y por todas las cosas buenas que hay en ti. Esta actitud positiva te ayudará a construir tu *autoestima*.

3. ***Aprende a manejar el estrés:*** El estrés es una gran fuente de *miedo* y ansiedad. Para mejorar tu *autoestima* y abordar el *miedo*, aprende técnicas para relajarte como la respiración profunda, la meditación o la visualización creativa.

4. ***Enfócate en tus metas:*** La motivación impulsada por objetivos puede ayudarte a reducir el *miedo*. Establece metas realistas y alcanzables para ayudarte a superar los desafíos que enfrentas y avanzar hacia una mayor *confianza en ti mismo*.

5. ***Practica la autocompasión:*** Si te descubres siendo crítico contigo mismo, recuerda que la compasión es una de las mejores herramientas para mejorar tu *autoestima*. Rodéate de personas positivas que te den ánimos y apoyo, y no dudes en practicar los ejercicios de *autocompasión* cuando sientas *miedo*.

Causas de los miedos que sabotean la autoestima

Los *miedos* que *sabotean* la *autoestima* son aquellos que te impiden alcanzar tus objetivos y metas.

Estos *miedos* pueden estar relacionados con el fracaso, el rechazo, el éxito o el juicio de los demás. Si bien es normal tener algunos *miedos*, cuando estos se convierten en obsesiones o te paralizan, es necesario hacer algo para superarlos.

A continuación te presento algunas de las causas más comunes de los *miedos* que *sabotean* la *autoestima*:

- ▪ *Miedo al fracaso*: el *miedo* al fracaso se desarrolla cuando las personas experimentan una situación de fracaso en el pasado o cuando tienen la creencia de que no tendrán éxito. Esto puede llevar a personas a evitar o resistir nuevos desafíos y a no tomar riesgos para lograr sus metas.

- ▪ *Miedo al rechazo*: el *miedo* al rechazo se basa en la idea de que no serás aceptado por otros, lo cual te impide llevar adelante tus aspiraciones e ideas. A menudo, este *miedo* se desarrolla después de experiencias negativas con relaciones pasadas o cuando existe el temor de no ser lo suficientemente bueno para alcanzar los objetivos establecidos.

- ▪ *Miedo al éxito*: el *miedo* al éxito suele generarse debido a la desconfianza en uno mismo y la creencia de que no nos merecemos el éxito. Esto dificulta tomar decisiones sobre el camino futuro o para aceptar elogios y reconocimientos por tus logros.

- ▪ *Miedo al juicio*: el miedo al juicio es una preocupación constante sobre cómo los demás evalúan tu aspecto, acciones o personalidad. Esta preocupación suele estar basada en la inseguridad y las dudas sobre si serás lo suficientemente bueno para los demás.

Algunas otras causas de los miedos que sabotean la autoestima incluyen el miedo a la soledad, el temor al cambio o la aversión al riesgo.

Independientemente de cuáles sean tus *miedos*, es importante reconocerlos y trabajar para superarlos. Esto te permitirá desarrollar una mayor *confianza* y *autoestima* y dar pasos hacia el logro de tus objetivos.

Ejercicios para transformar tus miedos

¿Qué es lo que te da miedo? ¿Enfrentarte a alguien? ¿Perder el control? ¿Estar solo? ¿Cambiar?

No importa cuál sea tu *miedo*, lo fundamental es que reconozcas que estás siendo limitado por él. Averigua qué es lo que realmente te asusta y comienza a trabajar en ello.

Aquí hay algunos ejercicios para ayudarte a transformar tus *miedos* y aumentar tu *autoestima*:

- **Identifica tus miedos**: toma el tiempo para identificar exactamente qué es lo que te da *miedo* y te ayudará a enfrentarlos de una manera más efectiva. Si no estás seguro de cuál es tu principal *miedo*, piensa en las situaciones en las que normalmente sientes temor o ansiedad.

- **Acepta tus miedos**: una vez que hayas identificado qué es lo que te asusta, debes aceptarlo. Esto no significa que debas rendirte ante él, sino simplemente reconocer que existe y que tienes la capacidad de superarlo.

- **Descubre el origen de tu miedo**: *¿hay algo en tu pasado que te hace sentir este miedo? ¿Fue una experiencia* *traumática? ¿Un temor irracional?* Averiguar el origen de tu *miedo* te ayudará a entenderlo mejor.

- **Confía en ti mismo**: comienza a darte crédito por las cosas buenas que has hecho y por tus logros. Esto hará que te sientas más seguro de ti mismo, lo cual puede ayudar a disminuir los niveles de ansiedad relacionados con tu *miedo*.

- **Enfócate en tus fortalezas**: concentrarse en lo que te hace único y especial es una excelente manera de construir *confianza* y *autoestima*. Anota todas las cosas buenas que hay en ti y recuérdate a ti mismo cuando sientas temor.

- **Encuentra apoyo**: rodearse de personas que te quieren y te respetan es una gran manera de lidiar con tus *miedos*. Establece una red de apoyo para ayudarte a mantener la motivación y el ánimo durante tu viaje hacia la superación de los *miedos*.

- **Actúa**: casi todos los *miedos* desaparecen cuando te enfrentas a ellos. Toma pequeñas acciones para superar tu *miedo* y poco a poco comienza a superarlo. A medida que vayas creciendo, tendrás la confianza para enfrentarte a situaciones más grandes y desafiantes.

- **Aprende a relajarte**: relajarse es una magnífica manera de disminuir la ansiedad y el estrés que conlleva el *miedo*. Practica técnicas de respiración profunda, yoga o meditación para calmar tu mente y cuerpo.

- **Alimenta tu cuerpo**: come alimentos saludables y nutritivos que te ayuden a mantenerte saludable y enfocado en tu objetivo. Esto te dará energía para afrontar los desafíos y superar tus *miedos*.

Utiliza estos ejercicios para ayudarte a transformar tus *miedos* y aumentar tu *autoestima*. Recuerda que todo se trata de un proceso, así que ten paciencia y dale el espacio necesario para crecer.

Los beneficios de dejar los miedos atrás

Los *miedos* son una parte natural de la vida, pero a veces pueden ser paralizantes. Dejar los *miedos* atrás y empoderar la *autoestima* es un paso importante para transformar tu vida.

Los beneficios de superar tus miedos incluyen:

- *Mejoras en tu salud mental y física*: El estrés crónico es un factor de riesgo para muchas enfermedades, incluyendo la ansiedad, la depresión y el insomnio. Al liberarte de tus *miedos*, te liberas del estrés y mejoras tu salud física y mental.

- *Un mayor sentido de control*: Vivir con *miedo* puede hacerte sentir como si no tuvieras control sobre tu propia vida. Al tomar el control de tus *miedos*, te das el poder de controlar tu propio destino.

- *Un mejor rendimiento*: El *miedo* puede ser paralizante e impactar negativamente en el rendimiento laboral o académico. Al enfrentar tus *miedos*, te das la oportunidad de avanzar y alcanzar tus metas con éxito.

- *Mayor satisfacción en la vida*: Superar tus *miedos* te ayudará a sentirte más fuerte, seguro de ti mismo y plenamente satisfecho con tu vida. Además, puedes disfrutar de nuevas experiencias que antes te hubieran parecido imposibles.

Conclusión

Una vez que hayas identificado tus *miedos*, es el momento de enfrentarlos y transformarlos.

Esto no significa que debas forzarte a hacer algo que te resulte aterrador, sino que debes empezar por hacer pequeños pasos para superar tu miedo.

Enfrentar tus *miedos* te permitirá notar una mejora significativa en tu *autoestima*. Al darte cuenta de que eres capaz de superarlos, te sentirás más seguro de ti mismo y serás capaz de afrontar cualquier reto con confianza.

Tener una *autoestima* sana es clave para lograr el éxito en todos los ámbitos de la vida, por lo que vale la pena invertir el tiempo y el esfuerzo necesarios para transformar tus *miedos*.

CONSEJO 9

Aprende a decir no

"LA DIFERENCIA ENTRE PERSONAS EXITOSAS Y MUY
EXITOSAS ES QUE LAS MUY EXITOSAS DICEN NO A CASI
TODO."

— *Warren Buffett*

¿*Te resulta difícil decir "no" cuando alguien te pide algo?*
¿Sientes que estás siempre en función de los demás y
descuidas tus propias necesidades?

Aprender a decir "*no*" puede ser un desafío, pero es una habilidad crucial para cuidar tu *autoestima* y tu bienestar emocional.

A veces, la mejor manera de proteger nuestra autoestima es aprendiendo a decir "no". No siempre podemos estar dispuestos o capaces de hacer lo que se nos pide, y es importante reconocer eso.

Aprender a decir NO nos ayuda a tomarnos un tiempo para nosotros mismos, y también nos permite poner límites en otras áreas de nuestras vidas. Establecer límites claros y respetar nuestros propios deseos y necesidades es valioso para el cuidado de nuestra *autoestima*.

¿Cómo podemos aprender a decir no para cuidar nuestra autoestima?

A veces, nos sentimos obligados a hacer cosas que no queremos o que sabemos que no debemos hacer. Esto puede ser muy agotador y estresante, y también puede perjudicar nuestra *autoestima*.

Aprender a decir "no" es una considerable habilidad que debemos desarrollar para cuidar nuestro bienestar mental, emocional y físico.

Hay muchas situaciones en las que podemos utilizar esta habilidad. *Por ejemplo*, si alguien nos pide que hagamos algo que sabemos que va contra nuestros principios o que simplemente no queremos hacer, podemos decir *"no"* de forma firme y respetuosa.

También podemos usar esta habilidad cuando nos sentimos abrumados por el trabajo o las responsabilidades familiares. En lugar de intentar hacer todo, podemos decir "no" a algunas de las tareas para evitar el sobrecargarnos.

◆ ◆ ◆

¿Por qué es importante decir no?

Es importante aprender a decir *"no"* porque te permite establecer límites saludables con los demás y evitar comprometerte con cosas que no quieres hacer. También te ayuda a respetar tu tiempo, energía y recursos para aquellas cosas que realmente son relevantes para ti. Decir *"no"* es una habilidad crítica para la autodefensa y el bienestar emocional.

Ser capaz de decir "no" te da un sentimiento de control sobre tu vida, lo que puede mejorar tu autoestima y satisfacción personal.

Cuando te sientes obligado a hacer algo, es fácil perder la perspectiva. Tu *autoestima* puede verse afectada si no aprendes a decir "*no*".

Aprender a decir "*no*" te ayudará a mantener el control de tu vida y de tus decisiones. Podrás evitar las situaciones en las que te sientas abrumado o estresado. También serás capaz de proteger tu tiempo y tu energía para dedicarlos a las actividades que realmente disfrutas.

Además, decir "*no*" te ayuda a establecer límites sanos en tus relaciones. Esto puede ser especialmente valioso si alguien se está aprovechando de ti o abusando de tu generosidad y bondad. Las relaciones saludables requieren que todas las personas involucradas respeten los límites una de la otra. Aprender a decir "*no*" puede ayudarte a lograrlo.

¿Cuáles son las razones que nos impiden decir "no"?

¿Quién no ha tenido el problema de decir que "sí" a todo? A veces es necesario decir "*no*", ya sea porque no podemos o porque simplemente no queremos. Sin embargo, muchas personas tienen dificultades para hacerlo. *¿Por qué?*

Hay varias razones. Algunas personas creen que si dicen que no, serán mal vistas o perderán la amistad de la persona a quien se lo dijeron.

Otras piensan que siempre deben ayudar y hacer lo posible por los demás, incluso si esto significa sacrificar su propio bienestar.

También hay quienes temen al conflicto y evitan toda situación en la que pueda surgir un desacuerdo. Por último, algunos simplemente no saben cómo decirlo de manera diplomática o asertiva.

Independientemente de la razón, es importante aprender a decir que "*no*" de una manera respetuosa y segura de sí misma.

Esto es especialmente crucial si te encuentras en una situación en la que tu seguridad física o emocional está en juego.

A veces no podemos decir "no" porque:

- Tenemos miedo de perder el respeto de los demás.

- Nos sentimos culpables.

- No queremos herir a los demás.

- Pensamos que es lo que se espera de nosotros.

Pero cuando decimos "sí" a todo, terminamos lastimándonos a nosotros mismos. Nos sentimos sobrepasados y exhaustos. Y esto impacta negativamente en nuestra *autoestima*.

Aprender a decir "no" es un acto de amor hacia uno mismo. Significa reconocer nuestras limitaciones y establecer límites saludables.

Ejercicios para aprender a decir "no"

- *Practica decir "no" en situaciones casuales.* Puedes practicar esto con amigos, familiares o incluso extraños. Al principio, puede ser difícil, pero cuanto más lo hagas, más fácil se volverá.

- *Aprende a decir "no" de forma asertiva.* Cuando digas "*no*", asegúrate de que tu tono y lenguaje corporal transmitan confianza y firmeza. Esto te ayudará a sentirte mejor al respecto y también te ayudará a que otros respeten tu decisión.

Prepárate para las posibles consecuencias de decir "no". A veces, puede haber consecuencias negativas cuando se rechaza a alguien o se le dice que no a algo, pero es importante tener en cuenta que estas consecuencias son generalmente temporales. Lo que importa es que te sientas bien contigo mismo y mantengas tu autoestima intacta.

- *Practica decir "no" sin sentirte culpable.* A veces, es difícil decir "*no*" sin sentirse mal por ello. Practica recordar que tu tiempo y energía son limitados, y que hay situaciones en las que no puedes hacerlo todo o complacer a todos.

- *Establece límites saludables.* Si sientes que tu tiempo y energía están siendo exigidos demasiado a menudo, es considerable establecer límites claros para protegerte a ti mismo. Esto te ayudará a mantener la cordialidad en tus relaciones interpersonales, mientras haces valer tus necesidades y deseos.

- *Crea una lista de razones para justificar tu "no".* Esto te ayudará a reforzar tu postura al respecto y te dará la confianza necesaria para poder decir "*no*" con seguridad.

Piensa en los posibles pros y contras antes de responder cualquier solicitud o petición.

- *Practica diciendo "no" en situaciones imaginarias.* Esto es una excelente manera de practicar decir "*no*" sin tener que enfrentar a alguien directamente. Visualiza la situación y practica cómo responderías usando un tono firme y seguro.

- *Enfócate en lo que ganas al decir "no".* Cuando te encuentres en situaciones difíciles, recuerda los beneficios de decir *"no"*, como tener más tiempo para dedicar a tus prioridades y mantener tu independencia. Esto hará que sea más fácil tomar una decisión.

- *Practica escuchar y respetar el "no" de los demás.* Esta es una notable manera de aprender cómo decir *"no"* sin sentirte mal y sin que se tome como algo personal. Recuerda que tus amigos, familiares y compañeros de trabajo tienen derecho a su propia opinión, y respétala siempre.

- *Practica la afirmación positiva.* Esto es una insuperable herramienta para mantener tu *autoestima alta* y mantenerte firme en tu decisión de decir *"no"*. Al mismo tiempo, esto puede ayudarte a reforzar las relaciones interpersonales al mantener un diálogo respetuoso con los demás.

- *Aprende a delegar responsabilidades y tareas.* Esta es otra forma sutil de decir *"no"* cuando no hay ninguna necesidad de hacerlo directamente. Si sientes que estás siendo sobrepasado con el trabajo, busca ayuda y delega algunas tareas a otros para liberar tu carga y ganar un poco más de tiempo para ti.

Los beneficios de aprender a decir "no"

Al aprender a decir *"no"* te estás protegiendo a ti mismo. Estás poniendo límites y estableciendo prioridades. Al hacerlo, estás cuidando tu *autoestima*.

Sí, es cierto que algunas veces el decir "no" nos puede traer problemas. Pero muchas más veces, el no decirlo nos traerá más problemas.

Al aprender a decir "no", no estamos siendo egoístas, estamos siendo inteligentes.

Aquí tienes algunos de los beneficios de aprender a decir "*no*":

- *Te sentirás mejor contigo mismo*: sabrás que has hecho lo correcto y te sentirás orgulloso de ti mismo.

- *Ganarás respeto*: la gente respetará tu opinión y tomará en serio lo que dices.

- *Te hará sentir más seguro*: saber que puedes controlar tu vida y tus decisiones te hará sentir más seguro de ti mismo y de tu futuro.

- *Mejorará tu salud mental*: el decir que "*no*" reduce el estrés y la ansiedad, al mismo tiempo que te da un mayor control de tu vida.

- *Aumentarás tu productividad*: si dices que "*no*" a cosas insignificantes, tendrás más tiempo para hacer aquellas cosas importantes para ti.

- *Te ayudará a alcanzar tus objetivos*: al saber decir "*no*" a las distracciones, podrás avanzar en la dirección que quieres y lograr lo que te has propuesto.

- **Te ayudará a establecer límites**: saber decir que "*no*" te permitirá poner límites claros entre tu vida y la de los demás, lo cual te ayudará a tener relaciones más saludables.

Aprender a decir "no" es una habilidad clave para el éxito, la felicidad y el bienestar. Si puedes dominarla, te sentirás mejor contigo mismo y tendrás más control sobre tu vida.

Conclusión

En conclusión, es fundamental aprender a decir *"no"* de vez en cuando para cuidar nuestra *autoestima.* A veces, estamos tan concentrados en complacer a los demás que olvidamos lo que realmente queremos o necesitamos.

Al aprender a decir *"no"*, nos estamos dando permiso para ser más selectivos con nuestro tiempo y energía, y nos estamos permitiendo ser más respetuosos con nosotros mismos.

CONSEJO 10

No te compares con los demás

"SI TE COMPARAS CON LOS DEMÁS, TE VOLVERÁS
VANIDOSO O AMARGADO, PORQUE SIEMPRE HABRÁ
PERSONAS MEJORES O PEORES QUE TÚ."

— *Antoine de Saint-Exupéry*

Hay un dicho popular que dice que *"la comparación es la ladrona de la alegría"* y, para algunos de nosotros, no podría ser más cierto.

Nadie es perfecto y todos tenemos nuestras propias imperfecciones. A veces, es fácil compararnos con los demás y pensar que somos inferiores porque no somos tan buenos o no tenemos las mismas cosas. Pero, *¿qué nos dice realmente esto?*

Es natural que queramos medirnos con nuestro entorno para saber si estamos haciendo las cosas bien, pero muchas veces esto puede ser perjudicial para nuestra *autoestima* y felicidad.

Es muy común creer que nuestra vida es mejor o peor que la de los demás. Pero esto no es realmente cierto, ya que cada uno tenemos nuestras propias circunstancias y razones por las que actuamos como lo hacemos.

Por eso, el mayor error que podemos cometer es compararnos con los demás en lugar de concentrarnos en nosotros mismos. La comparación constante solo nos hará sentir mal y desalentarnos sobre nuestro propio progreso personal y profesional.

Por eso, tenemos que intentar recordar que somos únicos y no deberíamos tratar de competir con los demás. Nuestra felicidad no depende de ser mejores o peores que el resto. Nuestra felicidad reside en valorarnos a nosotros mismos y apreciar lo que somos.

Así que, en lugar de tratar de igualar o superar a los demás, debemos centrarnos en nuestras propias metas y mejorar constantemente.

Establecernos pequeños objetivos diarios para ayudarnos a crecer como personas y desarrollarnos individualmente. Es importante destacar que cada uno de nosotros tenemos diferentes habilidades y nuestro camino es único.

¿Por qué es importante no compararse con los demás?

Es muy fácil caer en la trampa de compararnos con los demás. Miramos a nuestro alrededor y vemos a personas que parecen tenerlo todo: un buen trabajo, una familia feliz, un cuerpo perfecto. Y nos preguntamos: *¿por qué yo no tengo eso?*

Compararnos con los demás nos lleva a la frustración, la envidia y el resentimiento. Nos hace olvidar lo que tenemos y nos impide valorar nuestras propias virtudes.

Nos comparamos con los demás porque queremos ser como ellos o mejor que ellos. Creemos que si somos iguales o mejores que los demás, seremos más felices y tendremos más éxito.

Pero esto no es verdad. Compararnos con los demás nos hace infelices y nos impide disfrutar de nuestras vidas.

La comparación es inútil porque nunca podremos ser iguales a los demás. Todos somos únicos e irrepetibles. Aprende a valorarte por lo que eres y no por lo que tienes.

En lugar de compararte con los demás, concéntrate en mejorar a ti mismo: valora tus fortalezas y trabaja para superar tus debilidades. Así, podrás crecer como persona sin sentir que estás en competencia con los demás.

La comparación también puede ser una fuente de estrés y ansiedad, ya que puede llevar a la *autoexigencia*. Esto puede generar sentimientos negativos como inseguridad o falta de confianza en uno mismo, lo cual impide el progreso personal. Al centrarte en tu propio desarrollo personal, podrás experimentar mayor satisfacción y realización.

En resumen, no compararse con los demás es importante porque te permite valorar tu propio progreso y desarrollo, al mismo tiempo que evita la fuente de estrés y ansiedad de compararte con otras personas.

Qué hacer para dejar de compararte con los demás

Hay muchas cosas que puedes hacer en lugar de compararte con los demás:

- Puedes concentrarte en mejorar tu propio rendimiento y ser mejor cada día.

- También puedes enfocarte en tus puntos fuertes y aprender a valorarte por lo que eres.

- Aprender a aceptar tus defectos y limitaciones te ayudará a sentirte más seguro de ti mismo.

- En lugar de preocuparte por lo que los demás piensen de ti, concéntrate en ser feliz y en hacer las cosas que te gustan.

Ejercicios para ayudarnos a no compararnos con los demás

A menudo, nos comparamos con otras personas y nos sentimos inferiores si no somos tan altos, guapos y exitosos como ellos.

Esto es especialmente prevalente en las redes sociales, donde solo vemos la superficie de la vida de alguien.

Sin embargo, esto puede ser muy perjudicial para nuestra autoestima y bienestar general.

Aquí hay algunas formas de evitar compararnos con los demás:

- *Recuerda que todos somos únicos*: No importa lo mucho que queramos ser como otra persona, nunca podremos ser exactamente iguales a ellos. Todos tenemos nuestras propias fortalezas y debilidades, así que trata de centrarte en lo que te hace especial.

- *Enfócate en tu propio progreso*: En lugar de compararte con otros, intenta concentrarte en tu propio progreso. *Por ejemplo*, si estás tratando de perder peso, fíjate en cómo has mejorado desde el principio.

Hay muchos ejercicios que nos pueden ayudar a no compararnos con los demás:

- *Uno de ellos es el mindfulness*, que nos enseña a estar presentes en el momento y aceptar nuestras emociones sin juzgarnos.

- *También podemos practicar la gratitud*, ya que esto nos ayuda a darnos cuenta de todas las cosas buenas que tenemos en nuestra vida.

- Otra forma de evitar las comparaciones es *concentrarse en nuestros propios objetivos* y no permitir que nadie nos desvíe de ellos.

- También es importante *aprender a perdonarnos y ser compasivos con nosotros mismos*, para que podamos tener una visión más clara de nuestro progreso.

Por último, hay que *trabajar en reforzar la autoestima*. Esto significa aceptarnos y valorarnos por lo que somos sin importar cuáles sean las opiniones de los demás.

Los beneficios de no compararnos con los demás

Hay muchos beneficios de no compararse con los demás.

En primer lugar, cuando nos comparamos con otros, tendemos a enfatizar nuestras deficiencias en lugar de nuestras fortalezas. Esto nos hace sentir menos confiados y capaces, y nos impide avanzar hacia nuestros objetivos.

En segundo lugar, la comparación puede hacernos sentir insatisfechos con lo que tenemos, incluso si tenemos mucho. Si siempre estamos concentrados en lo que los demás tienen y lo que nos falta, nunca vamos a estar contentos.

Por último, la comparación puede ser perjudicial para nuestra *autoestima* y bienestar general. Cuando nos concentramos en las formas en que somos inferiores a los demás, olvidamos todas las cosas buenas que tenemos por usar. Todos somos únicos e irrepetibles, y es importante recordarlo.

Conclusiones

En lugar de compararte con los demás, mejor céntrate en la mejora constante.

Esto significa identificar tus fortalezas y trabajar para desarrollarlas cada día. Al mismo tiempo, también hay que trabajar para superar las debilidades e intentar convertirlas en oportunidades.

Siempre debes estar orgulloso de lo que has logrado hasta ahora y seguir avanzando hacia el futuro con optimismo.

CONSEJO 11

Perdónate a ti mismo

"EL PERDÓN ES EL AROMA QUE PRODUCE LA FLOR CUANDO ESTA HA SIDO PISADA."

— *Mark Twain*

¿Te has sentido *alguna vez como si fueras tu peor enemigo? ¿Has pensado que no eres lo suficientemente bueno o que tus errores te definen como persona?* Si es así, *perdonarte a ti mismo* puede ser la clave para mejorar tu *autoestima* y encontrar la felicidad.

Muchas veces nos encontramos atrapados en un ciclo de *autocastigo* que puede ser muy difícil de romper. Nos sentimos mal acerca de nosotros mismos porque no somos perfectos y cometemos errores, y esto a su vez empeora nuestra *autoestima*.

A menudo nos decimos cosas como *"no soy lo suficientemente bueno"*, *"si fuera mejor no habría cometido ese error"* o *"debería ser mucho más exitoso"*.

Estas formas de pensar son dañinas e impiden que mejoremos nuestra *autoestima*. Debemos aprender a ver nuestros errores y fallas como oportunidades para crecer y aprender, no como razones para darnos golpes.

¿Por qué es importante perdonarte a ti mismo?

Una de las principales razones por las que es importante *perdonarse a uno mismo* es para mejorar la *autoestima*. La *autoestima* se define como la valoración que una persona hace de sí misma y es muy importante para el bienestar mental y físico.

Una persona con *baja autoestima* suele tener más problemas en la vida, incluyendo dificultades en el trabajo, relaciones interpersonales y salud física.

Perdonarse a uno mismo puede ayudar a mejorar la autoestima, ya que te estás aceptando como una persona imperfecta e incluso si cometes errores, te puedes perdonar.

Al hacer esto, se está abriendo la puerta para ser más compasivo con uno mismo y también con los demás.

Perdonarse a uno mismo también es importante para aliviar el dolor emocional. Cuando nos sentimos culpables por nuestros errores, estas emociones pueden ser abrumadoras y crear una carga excesiva en nuestras vidas.

Perdonarnos a nosotros mismos, libera esa carga y nos permite seguir adelante de manera más saludable. El *perdón* también ayuda a ser más resiliente ante los desafíos de la vida, ya que nos da un marco para aprender y crecer de los errores cometidos.

En resumen, el perdón es una parte importante del crecimiento personal y la curación emocional. Perdonarte a ti mismo puede ayudarte a mejorar la autoestima, aliviar el dolor emocional y ser más resiliente ante los desafíos de la vida.

¿Qué hay detrás de nuestra dificultad para perdonarnos a nosotros mismos?

Es que muchas veces nos sentimos culpables por algo que no debíamos haber hecho. Tal vez cometimos un error o hicimos algo que lastimó a otra persona.

Nos culpamos y suponemos que no merecemos ser perdonados. Pero, *¿qué hay de los errores que cometemos?*

Todos cometemos errores y está bien equivocarse. Lo importante es aprender de ellos para no volver a cometer los mismos errores en el futuro.

Además, cuando nos perdonamos a nosotros mismos, estamos abrazando nuestra humanidad y reconociendo que podemos equivocarnos. Esto nos ayuda a crecer, aprender y mejorar como personas.

Por lo tanto, es fundamental recordar que tenemos la capacidad de perdonarnos y darnos otra oportunidad. Debemos aprender a ser más compasivos con nosotros mismos para poder avanzar en nuestras vidas.

Ejercicios para poner en práctica el perdón hacia uno mismo

El *perdón* es una de las herramientas más poderosas que tenemos para mejorar nuestra *autoestima*.

Sin embargo, muchas personas tienen dificultades para *perdonarse a sí mismas*. Esto es comprensible, ya que el *perdón* requiere humildad y aceptación de nuestras propias fallas.

Pero si no nos perdonamos, estaremos atrapados en un ciclo de autodesprecio que será muy difícil de romper.

Afortunadamente, hay muchas cosas que podemos hacer para aprender a perdonarnos a nosotros mismos. Aquí hay algunos ejercicios para poner en práctica el *perdón* hacia uno mismo:

- *Acepta tus errores*: La primera parte del *perdón* es aceptar que cometiste un error. No trates de minimizarlo o justificarlo; simplemente reconócelo y hazte responsable de él.

- *Hazte cargo de las consecuencias*: Si tu error tuvo algún tipo de consecuencia negativa *(por ejemplo*, lastimaste a alguien o perdiste algo), tómate el tiempo para reflexionar sobre cómo puedes reparar tu error y tratar de aprender la lección.

- *Perdónate*: Esta es la parte más difícil, pero cuando estés listo, toma un momento para decirte a ti mismo que está bien, que cometas errores. Dile a tu mente que eres humano y que mereces ser perdonado.

- *Aliméntate bien*: El *autoperdón* requiere mucha energía mental y emocional, por lo tanto, es importante mantenerse saludable comiendo alimentos nutritivos y evitando los alimentos procesados con altos niveles de azúcar y grasa. Esto te ayudará a mantener tu energía alta y reducir los sentimientos de culpa.

- *Practica el autoamor.* No importa qué tan mal hayas hecho las cosas, siempre es considerable recordarte a ti mismo que tienes valor y que mereces amor. Practica el *autoamor* dándote el mismo trato que le darías a una persona cercana a ti.

- *Busca apoyo:* Si necesitas un poco de ayuda para perdonarte, busca el apoyo de tus amigos y familiares. A veces es más fácil perdonarse cuando hay alguien que nos recuerda lo valiosos que somos.

- *Ten paciencia:* El *perdón* lleva tiempo, así que no te presiones para obtener resultados inmediatos. Práctica estos ejercicios cada día hasta que sientas que has sido capaz de perdonarte por completo.

El perdón es un proceso difícil, pero con el tiempo puedes aprender a amarte y cuidarte como te mereces. Si sigues estos ejercicios, pronto estarás en camino de alcanzar el autoperdón.

Los beneficios de practicar el autoperdón

Una de las mejores cosas que puedes hacer por ti mismo es perdonarte. El *perdón* te ayuda a soltar el pasado y seguir adelante con tu vida. Te da la libertad de ser feliz y dejar ir el resentimiento.

Cuando no nos perdonamos, nos estamos castigando y teniendo un efecto negativo en nuestra *autoestima*.

Perdonarse a sí mismo también le da al cuerpo y la mente un descanso del estrés y la ansiedad que causa el no perdonarse.

Algunos beneficios para la salud mental y física de lograr el perdón incluyen: disminución de la presión arterial, menos tensión muscular, mejor digestión, menos dolores de cabeza, mejor sueño y más energía.

Todos estos beneficios pueden conducir a una mayor sensación general de bienestar.

Además, lograr el perdón de uno mismo puede ayudar a mejorar la relación con los demás. Cuando aprendemos a ser más compasivos con nosotros mismos, también podemos ser más amables y comprensivos con los demás. Esto permite que experimentemos más empatía y compasión por los demás y establecer relaciones saludables.

El perdón te da la libertad de disfrutar tu vida al máximo, sin preocuparte por las cosas del pasado. Te permite concentrarte en el presente y avanzar hacia tu propia felicidad.

Conclusión

Una vez que hayas identificado los pensamientos y creencias negativas que tienes sobre ti mismo, es hora de perdonarte.

Esto significa que debes aceptar lo que has hecho, aprender de ello y seguir adelante. No te quedes atrapado en el pasado o en un ciclo de *autocrítica. El perdón es un acto de amor hacia uno mismo, y es vital para seguir adelante con tu vida.*

CONSEJO 12

Aprende algo nuevo

"EL APRENDIZAJE ES UN TESORO QUE SEGUIRÁ A SU DUEÑO EN TODAS PARTES."

— *Confucio*

Hay muchas cosas que puedes hacer para mejorar tu *autoestima*. Aprender algo nuevo es una de ellas. Cuando aprendes, te sientes más seguro de ti mismo y te ves capaz de enfrentar nuevos desafíos. La sensación de logro que obtienes al superar un obstáculo es invaluable para tu *autoestima*.

Si estás dispuesto a aprender y transformarte, nunca tendrás problemas para tener éxito. No importa cuán difícil sea el camino, si te mantienes positivo y perseverante, siempre podrás alcanzar tus metas.

Aprende algo nuevo cada día y verás cómo tu autoestima mejora significativamente.

También es importante mantener una actitud positiva, que te permita creer en ti y en tus habilidades. Cuando encuentras el lado positivo de todas las cosas, puedes ver los obstáculos como oportunidades para mejorar y crecer. Mantener una actitud constructiva te motivará a seguir adelante y a no rendirte frente a los desafíos.

¿Cuál es la importancia de adquirir nuevos conocimientos?

Aprender cosas nuevas es importante para mantener la *autoestima* porque te permite desafiarte a ti mismo para mejorar, mantiene tu mente aguda, previene el aburrimiento, y te ofrece la oportunidad de conocer gente nueva y hacer amigos, que pueden aumentar tu confianza y tu *autoestima*.

Aprender algo nuevo es un gran paso en la dirección correcta. No importa qué tan grande o pequeño sea el objetivo, el simple hecho de lograr algo te ayudará a sentirte mejor contigo mismo.

Intenta *aprender algo nuevo* cada día, desde una nueva habilidad hasta algo tan simple como descubrir un nuevo lugar cerca de tu casa. A medida que amplíes tus horizontes y conocimientos, te sentirás más seguro y orgulloso de ti mismo.

A menudo, la gente se siente mejor consigo misma después de dominar una nueva habilidad o aprendiendo más sobre un tema que les interesa. El simple acto de esforzarse por *aprender algo nuevo* también puede aumentar la confianza en ti mismo.

Finalmente, el hecho de que estés tratando de mejorarte a ti mismo o a tu vida puede ayudarte a sentirte mejor consigo mismo y levantar tu *autoestima*.

En resumen, aprender algo nuevo es una excelente manera de aumentar la autoestima. Aporta nuevas habilidades y conocimientos, amplía tu red de contactos, abre nuevas oportunidades para ti y te permite ver el mundo desde una perspectiva diferente. Esto te ayuda a sentirte más seguro de ti mismo y mejora tu confianza en ti mismo.

¿Cuáles podrían ser los motivos para resistirse a aprender algo nuevo?

- Puedes sentirte inseguro.

- Puedes sentirte abrumado.

- Puedes sentir que no tienes tiempo.

- Puedes sentir que es inútil.

- Puedes sentir que fracasarás.

Suelta las preocupaciones, los temores y las objeciones que tengas, e intenta adquirir una nueva habilidad. Tienes todas las herramientas necesarias para aprender lo que desees y jamás te subestimes.

Ideas para ayudarte a aprender algo nuevo

¿Estás listo para aprender algo nuevo? Es posible que sientas que no estás listo o que no tienes el tiempo necesario o la capacidad para *aprender algo nuevo*, pero si te pones en marcha y comienzas a practicar, podrás sorprenderte de lo mucho que puedes aprender.

Para ayudarte a empezar, aquí hay algunas ideas que te ayudarán a obtener el máximo beneficio de adquirir una nueva habilidad:

- *Primero,* **crea un plan.** Piensa en lo que quieres aprender y cuánto tiempo necesitarás. Luego, busca la información que necesitas. Puedes usar libros, internet o preguntar a otros. También es útil hacer un esquema o resumen de lo que vas a aprender. Así podrás tener una idea general y ver los detalles más importantes.

- *Después de eso,* **empieza a practicar.** Es importante que te motives y seas constante. No te desanimes si al principio no lo consigues perfectamente. Practica un poco todos los días para ir mejorando poco a poco.

- *Y por último,* **pero no menos importante, sé positivo y confía en ti mismo.** Si crees que puedes hacerlo, ¡seguro que lo conseguirás!

Espero que estas ideas te ayuden a aprender algo nuevo todos los días.

¡No hay límites para lo que puedes llegar a conseguir!

Los beneficios de aprender cosas nuevas para mantenerse feliz

Aprender cosas nuevas puede mejorar tu *autoestima* de varias maneras.

En primer lugar, **te ayuda a descubrir nuevas habilidades y talentos que no sabías que tenías.** A medida que vas dominando nuevas habilidades, te das cuenta de que eres capaz de mucho más de lo que pensabas y esto te hace sentir mejor contigo mismo.

En segundo lugar, aprender cosas nuevas **te ayuda a mantenerte mentalmente activo y alerta.** Cuando nos enfocamos en una tarea, ya sea aprender un nuevo idioma o tocar un instrumento musical, estamos estimulando nuestro cerebro y lo mantenemos en forma.

Esto es importante porque un cerebro saludable es una parte esencial de una buena *autoestima*.

En tercer lugar, aprender cosas nuevas puede ayudarte a socializar más y conocer gente nueva. Al participar en actividades que requieren aprendizaje, como clases o talleres, haces nuevos amigos con los que compartes intereses. Esto te ayuda a construir una red de amigos y relaciones sociales que te pueden apoyar durante estados emocionales difíciles.

Finalmente, aprender cosas nuevas es una excelente manera de distraerse y alejarse del estrés cotidiano. Cuando escuchamos música o leemos un libro, nuestro cerebro se libera de las preocupaciones cotidianas, lo que nos permite sentirnos mejor con nosotros mismos y disfrutar de la vida.

Conclusión

La *autoestima* es una parte crucial de la vida. Si no te gusta cómo te ves, es probable que no te sientas muy bien contigo mismo.

Aprender algo nuevo puede ayudarte a mejorar tu autoestima. Al hacerlo, te estás demostrando a ti mismo que eres capaz de aprender y que puedes superar los retos.

También te darás cuenta de que hay muchas cosas en las que eres bueno. Esto te ayudará a tener una mejor opinión de ti mismo y mejorar tu *autoestima*.

CONSEJO 13

Termina las cosas que empieces

"LA PERSEVERANCIA NO ES UNA CARRERA LARGA, ES
MUCHAS CARRERAS CORTAS, UNA TRAS OTRA."

— *Walter Elliott*

¿Alguna vez has empezado algo con mucha motivación y entusiasmo, pero nunca lo terminaste?

No te preocupes, ¡no eres el único! Muchas personas tienen dificultades para completar las tareas que se proponen. Sin embargo, es importante aprender a cerrar los ciclos y *finalizar aquello que comenzamos.*

Actúa y *termina todo lo que hayas comenzado.*

Cuando emprendes un proyecto, la primera etapa es siempre la más difícil. Es cuando tienes que tomar acción y superar el miedo al fracaso.

Luego, viene el trabajo duro de llevarlo a cabo y *finalmente terminarlo.*

Muchas personas no llegan al final porque les falta perseverancia o simplemente se rinden cuando las cosas se ponen difíciles. Sin embargo, si te propones *terminar lo que has empezado,* podrás lograr grandes cosas.

¿Por qué es importante terminar las cosas que empiezas?

Hay muchas razones por las que es importante *terminar las cosas que empiezas.*

En primer lugar, si no terminas lo que empiezas, estás dejando a medias un proyecto o tarea, y eso es frustrante. También puede ser difícil volver a motivarse para terminar algo después de haberlo dejado a medias.

Además, cuando no terminas lo que empiezas, estás perdiendo el tiempo y el esfuerzo que ya has puesto en ello. Si no te gusta cómo algo está quedando o simplemente te aburres, es mejor *terminarlo* y empezar de nuevo desde cero, que no hacer nada.

Por último, pero no menos importante, si siempre abandonas los proyectos a medio camino o dejas de lado las tareas sin terminarlas, nunca vas a lograr los objetivos que te propongas.

Terminar lo que empiezas te ayudará a ser más productivo y eficaz, y eventualmente lograrás cumplir tus propósitos.

¿Cuáles son las razones por las que no logramos finalizar las tareas que iniciamos?

- Empezamos con muchas expectativas y, cuando no vemos resultados inmediatos, nos rendimos.

- No planificamos ni establecemos objetivos realistas, por lo que no tenemos una verdadera motivación para seguir adelante.

- A menudo no somos *conscientes* de todo lo que implica el completar una tarea, lo cual nos hace sentir abrumados y poco dispuestos a continuar.

- Nos dejamos llevar por las distracciones y nuestra falta de disciplina nos impide concentrarnos en lo que realmente importa.

- En ocasiones simplemente no disfrutamos lo suficiente del proceso o vemos que es demasiado difícil para los resultados que obtendremos al final.

- También podemos tener *miedo* al fracaso, lo cual nos puede paralizar e impedirnos lograr nuestras metas.

- Otra causa común es que no tenemos el apoyo necesario para completar la tarea; ya sea de nuestro entorno o de nosotros mismos.

- La *falta de confianza* en nosotros mismos también puede ser una barrera para lograr nuestras metas.

- Otra razón por la que muchos de nosotros no terminamos lo que empezamos es porque simplemente nos aburrimos o perdemos el interés.

- *Finalmente,* la falta de recursos como tiempo, dinero o energía puede ser una causa por la que no terminamos lo que empezamos.

◆ ◆ ◆

Ejercicios para ayudarnos a terminar lo que empezamos

¿Alguna vez te has sentido abrumado por la cantidad de tareas que tienes que hacer? ¿Has empezado muchos proyectos, pero nunca has terminado ninguno? Si es así, no estás solo.

De hecho, se estima que el 20% de las personas son *'procrastinadores crónicos'*, lo que significa que constantemente aplazan las cosas.

Aunque puede parecer imposible *terminar todo lo que empiezas*, con un poco de ayuda, es posible mejorar tu capacidad para concentrarte y completar tus objetivos.

Aquí hay algunos ejercicios de ayuda para *terminar las cosas que empieces* y no dejar nada inconcluso:

- *Haz una lista*: escribe todas las tareas que tienes pendientes, ordénalas por prioridad y luego ve tachando en la lista una tarea a la vez. Al ver físicamente cuánto te queda por hacer, será más fácil motivarte a avanzar.

- *Concéntrate en una sola cosa*: en lugar de dividir tu atención entre varios proyectos, concéntrate en uno a la vez. Esto te permitirá centrarte solo en esa tarea y trabajar con más eficiencia.

- *Piensa en los resultados*: recuerda *por qué* estás trabajando en este proyecto y cómo se sentirá cuando lo completes. Esto te ayudará a motivarte y seguir adelante incluso cuando las cosas se pongan difíciles.

- *Pide ayuda*: si necesitas asesoramiento sobre cómo completar una tarea, no dudes en pedir ayuda. Conseguir información o sugerencias de alguien más puede hacer que todo el proceso sea mucho más fácil para ti.

- *Comprométete contigo mismo*: establece un calendario para terminar tu proyecto y asegúrate de cumplirlo. Esto te ayudará a mantenerte enfocado y lograr tus objetivos a tiempo.

Siguiendo estos consejos, puedes comenzar y terminar tareas sin problemas. No importa cuán amplio sea tu proyecto, si sigues los pasos anteriores, lo completarás con éxito.

Los beneficios de terminar las cosas que empieces

Los beneficios de terminar las cosas que empiezas son múltiples.

En primer lugar, te permite alcanzar tus objetivos y metas. Terminar lo que empiezas te da una sensación de logro y éxito, lo que a su vez aumenta tu confianza y *autoestima*.

También te ayuda a ser más organizado y eficiente, ya que aprendes a planificar mejor y a gestionar tu tiempo de forma efectiva.

Terminar lo que empiezas aumenta el respeto hacia ti mismo, porque demuestras tu compromiso y determinación para completar los proyectos.

Además, cuando terminas algo que has iniciado, también le das un mensaje a los demás de que eres responsable.

También mejora tu productividad, ya que te ayuda a centrarte en tareas importantes y evita la *procrastinación*.

Finalmente, terminar lo que empiezas te permite aprender nuevas habilidades y desarrollarte como profesional.

Conclusión

Espero que te sientas inspirado a *terminar las cosas que empiezas*. Tal vez hayas empezado un proyecto para poner en marcha un negocio, o tal vez te hayas comprometido a hacer ejercicio con más regularidad.

No importa lo que sea, terminar las cosas que empiezas es una gran manera de mejorar tu vida y construir confianza en ti mismo.

Seguramente habrás notado que cuando terminas algo que has empezado, te sientes mejor y con más *confianza*. Esto se debe a que te has demostrado a ti mismo y a los demás que eres capaz de llevar a cabo lo que te propones.

Terminar las cosas no siempre es fácil, pero vale la pena el esfuerzo. Cuando tengas dificultades para terminar algo, recuerda *por qué* empezaste en primer lugar y mantén el foco en tu objetivo.

De esta manera, podrás comenzar a construir la confianza que necesitas para seguir adelante y alcanzar tus metas.

CONSEJO 14

Deja de quejarte

"NO SE QUEJEN, NO CRITIQUEN, NO CONDENEN; EN CAMBIO, INTENTEN ENTENDERSE Y COMPRENDERSE."

—*Dale Carnegie*

¿*Te has dado cuenta de que a veces nos pasamos el día quejándonos?* Nos enfocamos en lo negativo y no apreciamos lo bueno que tenemos a nuestro alrededor.

A todos nos gusta que nuestras voces sean escuchadas y tenemos el derecho a expresar nuestros sentimientos. *Sin embargo,* a veces podemos caer en el hábito de quejarnos constantemente sin darnos cuenta.

Nadie quiere estar cerca de una persona negativa y pesimista todo el tiempo. La gente no va a querer escuchar tus quejas todo el tiempo.

Así que si te das cuenta de que eres de los que se *quejan por todo,* trata de cambiarlo. Empieza a ver las cosas desde una perspectiva más positiva.

Trata de buscar lo bueno en todas las situaciones. Y si realmente no puedes evitar quejarte, entonces al menos trata de hacerlo en privado y no delante de otras personas.

También puedes intentar cambiar la forma en que respondes a situaciones desafiantes. En lugar de *quejarte*, trata de verlas como una oportunidad para aprender y crecer.

Si puedes identificar los pensamientos o situaciones que te llevan a quejarte, podrás controlarlos mejor.

También es importante tener en cuenta lo que sucede después de las quejas: *¿te sientes mejor o peor? ¿Resuelves algo o simplemente empeoras la situación?* Si te das cuenta de que la mayoría de las veces terminas sintiéndote peor después de *quejarte*, es probable que sea hora de cambiar tu actitud.

Una vez que hayas identificado cuándo y por qué te quejas, puedes comenzar a trabajar para cambiar esa actitud.

Esto incluye encontrar formas de ver la vida de manera más positiva, desarrollar habilidades de afrontamiento saludables y aprender a practicar la *gratitud*.

También es relevante recordar que las personas tienen diferentes opiniones e ideas, y que no siempre estarás de acuerdo con ellos. Aceptando esto, serás capaz de relajarte un poco y no tomarlo todo tan personalmente.

Finalmente, no olvides que tienes el poder de controlar tus pensamientos y emociones. Si te encuentras *quejándote* de algo, trata de recordarte a ti mismo que tienes la opción de elegir una actitud positiva en lugar de una negativa.

Al hacer esto, pronto podrás descubrir que hay muchas cosas buenas en la vida para las cuales puedes expresar *gratitud*.

¡Para terminar, recuerda que siempre puedes elegir cómo reaccionar! Así que si quieres dejar de quejarte, ¡todo comienza contigo!

Y sobre todo, mantén tu mente abierta para nuevas ideas y puntos de vista. Estas son algunas de las cosas que puedes hacer si eres de los que *se quejan por todo.*

¿Por qué es importante dejar de quejarse todo el tiempo?

Cuando te concentras en lo negativo, estás atrayendo más cosas negativas hacia ti.

Es importante cambiar tu perspectiva y ver las cosas desde un lugar de abundancia y *gratitud.*

Deja de quejarte y valora lo que tienes. Enfócate en tu felicidad y déjate de tonterías.

De esta forma, cuando *dejas de quejarte* puedes comenzar a disfrutar la vida en lugar de centrarte en lo que no tienes. Mientras más aprendas a ser agradecido con lo que ya tienes, más feliz serás. Esto significa abrazar la adversidad y aprender a reírte de la situación.

Estas son algunas de las principales claves para comenzar a ser feliz *sin quejarse todo el tiempo.*

Por último, recuerda que la felicidad es una elección. Si decides *dejar de quejarte* y comenzar a ver las cosas desde una perspectiva positiva, verás los resultados en tu vida diaria. ¡No te arrepentirás!

◆ ◆ ◆

¿Por qué será que nos quejamos tanto?

A veces parece que tenemos una lista interminable de razones o causas para *quejarnos*. Sin embargo, esto no es realmente útil o productivo.

De hecho, *las quejas* solo nos alejan de lo que realmente importa y nos hace perder el foco en lo positivo.

Aquí hay algunas razones por las que podríamos estar inclinados a *quejarnos*:

- *Nuestras expectativas son demasiado altas.* Siempre estamos buscando la perfección y, cuando no la encontramos, nos sentimos decepcionados y frustrados. Esto puede ser especialmente cierto en relaciones importantes, como con nuestra pareja o nuestros hijos.

- *Tenemos miedo al cambio.* Nos aferramos a lo familiar y conocido porque es seguro y cómodo. Pero el problema es que el mundo está constantemente cambiando y evolucionando, por lo que si no nos adaptamos, nos quedaremos atrás.

- *Nos enfocamos en lo negativo.* Si todo lo que vemos es lo que está mal con el mundo, no tendremos nada bueno de qué hablar. Esto puede llevar a la infelicidad general y a una actitud negativa hacia la vida.

- *Nuestra identidad está fundada en las quejas.* Esto sucede cuando nos acostumbramos tanto a *quejarnos*, que se convierte en una parte importante de nuestra identidad y personalidad. Estamos tan ocupados tratando de encontrar algo malo con todo, que perdemos la perspectiva y el sentido del humor.

- *No queremos hacer cambios*. Nos resistimos a salir de nuestra zona de confort porque sentimos que es demasiado difícil o abrumador, lo cual solo nos lleva a más *quejas*.

Es fundamental recordar que la vida no es perfecta y que tendremos problemas en el camino.

Debemos tratar de ver más allá de las cosas que nos molestan y encontrar una forma útil de abordarlas, en lugar de perder tiempo lloriqueando. Esto ayudará a mantenernos positivos y motivados para alcanzar nuestras metas.

Ejercicios que pueden ayudar a parar de quejarse

Si te sientes identificado con la *queja*, te animo a que practiques estos ejercicios:

- *Escribe un diario de gratitud*: cada noche, antes de irte a dormir, anota tres cosas por las que estás agradecido. Sobre todo si has tenido un día difícil o te has sentido frustrado.

- *Practica la meditación*: se trata de estar atento al presente y no dejarse llevar por los pensamientos negativos. Hay numerosas aplicaciones móviles que pueden ayudarte a empezar.

- *Haz ejercicio*: cuando nos movemos física y mentalmente, liberamos endorfinas, las cuales son las responsables del bienestar y la felicidad.

- *Haz una lista de cosas que quieres lograr*: esto te ayudará a mantener el foco en tus objetivos.

- *Rodéate de personas positivas*: elige a aquellas personas que te hagan sentir bien y sepas que siempre estarán ahí para apoyarte.

- *Pon límites saludables para ti mismo*: evita comprometerte con cosas que sabes que no puedes cumplir, ya que esto genera frustración.

- *Invierte tiempo en algo divertido*: busca actividades como pintar, dibujar, escribir, pasear o reír con amigos. Estos momentos harán tu vida más feliz.

- *Sé consciente de tus pensamientos*: cuando te encuentres *quejándote*, haz una pausa y pregúntate, *¿es esto realmente necesario?*

- *Acepta lo que puedas y deja ir lo demás*: no podemos controlar todo, por lo que a veces necesitamos aceptar las situaciones y dejar que las cosas fluyan.

Espero que estos ejercicios te ayuden a controlar tus *quejas* y a disfrutar más de la vida.

Los beneficios que puedes lograr si dejas de quejarte

Si *dejas de quejarte por todo*, te beneficiarás de varias maneras.

En primer lugar, te sentirás mejor contigo mismo. Cuando *te quejas constantemente*, estás enviando un mensaje negativo a tu cerebro, lo cual puede afectar tu *autoestima* y hacerte sentir mal.

En segundo lugar, las personas que te rodean también se sentirán mejor contigo. La gente tiende a evitar a los *quejosos* porque es agotador estar alrededor de ellos. Así que, si eres más positivo, la gente querrá estar cerca de ti.

También serás más productivo si *dejas de quejarte todo el tiempo.* En lugar de centrarte en lo que está mal, podrás concentrarte en lo que está bien y trabajar para mejorar las cosas.

En resumen, dejar de quejarse te beneficiará a ti y a los demás. Te sentirás mejor contigo mismo, la gente querrá estar cerca de ti y serás más productivo.

Conclusiones

Llegamos a la conclusión de que la *queja es inútil* y, por el contrario, nos aleja de nuestras metas.

Nos está robando la energía y el entusiasmo que necesitamos para seguir adelante.

La *queja* es un hábito dañino al que podemos renunciar fácilmente si somos *conscientes* de ello y decidimos cambiar.

Empieza hoy mismo a practicar la gratitud en tu vida y verás los resultados positivos en poco tiempo.

CONSEJO 15

Ten compasión hacia ti mismo

"LA COMPASIÓN ES EL ANTÍDOTO PARA EL ALMA QUE SUFRE, EL MEDICAMENTO PARA EL CORAZÓN QUEBRANTADO Y EL ABRAZO QUE CONFORTA AL ESPÍRITU DOLORIDO."

—Buda

Con mucha frecuencia, nos fijamos en lo que hacemos mal y nos castigamos por ello. Esto es especialmente cierto cuando se trata de *autoestima*. A menudo, pensamos que no merecemos ser amados o merecer el éxito. Esto puede hacer que nuestra *autoestima sea muy baja*.

Para mejorar tu *autoestima*, tienes que tener *compasión hacia ti mismo*. Debes aprender a ser amable contigo mismo y aceptarte tal como eres. No puedes cambiar todo lo que te gustaría cambiar, pero puedes darte el amor y el respeto que mereces.

Tienes derecho a equivocarte y a no ser perfecto. No eres un fracasado si cometes errores o no alcanzas todos tus objetivos. Eres humano y estás haciendo lo mejor que puedes. Aprende a perdonarte cuando algo salga mal y sé compasivo contigo mismo.

Cuando tengas pensamientos negativos, trata de reemplazarlos con pensamientos más positivos. En lugar de decirte a ti mismo que eres un fracasado, dite que vales mucho y que todos cometemos errores. Debes aprender a *amarte a ti mismo* incondicionalmente y darte el crédito que mereces por todo lo bueno que has logrado. Esta es la clave para mejorar tu *autoestima*.

¿Por qué es importante tener compasión hacia uno mismo?

A veces, nos esforzamos tanto por ser compasivos hacia los demás que nos olvidamos de serlo hacia nosotros mismos.

Pero la verdad es que la *compasión* es igual de importante para uno mismo como para los demás. *Debes tratarte con bondad y amor, especialmente cuando te sientas cansado, herido o enojado.*

La *compasión hacia uno mismo* puede ayudarte a lidiar con el estrés y la ansiedad, mejorar tu *autoestima* y aceptarte tal y como eres. También te ayuda a perdonarte por tus errores y aprender de ellos en lugar de castigarte.

Así que no dudes en darte un abrazo cuando lo necesites y tener *compasión hacia ti mismo* siempre que sea necesario.

Aquí algunas razones por las que debes tener *compasión hacia ti mismo*:

- **No seas tan duro contigo mismo** porque todos cometemos errores de vez en cuando. Aprende de ellos y sigue adelante. Lo importante es no cometer el mismo error una y otra vez.

  La vida está llena de obstáculos. Acepta que los obstáculos existen y encuentra la forma de superarlos.

- *No te rindas ante los obstáculos*, busca la forma de superarlos y avanza hacia tus objetivos. Los obstáculos son parte de la vida, y pueden ser una fuente de motivación si se enfrentan con *compasión*.

- *Acepta tanto tus logros como tus fracasos*. Si has tenido éxito en algo, date crédito por ello. Pero también acepta cuando no consigues lo que te propones. No eres perfecto y no esperarías que los demás lo sean, así que trata contigo mismo del mismo modo.

- *No compares tu vida con la de los demás*. Está bien mirar la vida de otras personas para inspirarse, pero no caigas en la trampa de compararte con ellos o sentirte mal porque tu vida no sea exactamente igual que la de ellos. Recuerda que todos somos únicos y nuestras vidas son distintas.

- *Reconocer tus emociones es importante*. Reconocer y procesar tus emociones es una parte valiosa del *autocuidado*. Permítete sentir sin juzgarte por ello. Si sientes tristeza, acepta esa emoción y busca formas de lidiar con ella de manera saludable.

En resumen, tener *compasión hacia uno mismo* es una forma de *autocuidado* y *amor propio*. Aprende a ser compasivo contigo mismo. Esperar demasiado de ti mismo no te llevará a ninguna parte. *En su lugar*, reconoce tus logros y fracasos, trata de aprender de ellos y sigue adelante con amabilidad hacia sí mismo.

Al final, se trata de mostrarse *amor propio* y tener *autocompasión* para poder dar amor a los demás.

◆ ◆ ◆

¿Cuáles pueden ser las razones por las que nos resulta difícil tener compasión hacia nosotros mismos?

La *autocompasión* es la capacidad de sentir compasión hacia uno mismo. La investigación ha demostrado que la *autocompasión* es una forma saludable de lidiar con las adversidades, ya que promueve la resiliencia y el bienestar.

Sin embargo, a pesar de sus beneficios, muchas personas no tienen *compasión hacia sí mismas*. Esto puede deberse a varias razones o causas.

- *El autojuicio*: Mucha gente es demasiado exigente consigo misma y se siente mal por cualquier cosa que no sea perfecta. Estas personas pueden tener una visión muy negativa de sí mismos, lo que hace que sea difícil sentir compasión hacia ellos mismos.

- *Falta de consciencia*: La falta de *consciencia* de uno mismo a menudo conduce a la falta de *autocompasión*. Si no estamos *conscientes* de nuestras emociones, necesidades y sentimientos, entonces es más probable que nos resulte difícil ser amables con nosotros mismos.

- *Baja autoestima*: Las personas con *baja autoestima* a menudo ven sus defectos y errores como algo permanente en lugar de algo temporal o circunstancial. Esto hace que sea difícil verse a sí mismos con *compasión*.

- *Condicionamiento cultural*: En muchas culturas, la *compasión hacia uno mismo* es vista como una debilidad y como algo que debe evitarse. Estos prejuicios pueden dificultar el desarrollo de la *autocompasión*.

- **Autocrítica excesiva**: Algunas personas son demasiado críticas con ellos mismos. Esta *autocrítica* excesiva puede inhibir la capacidad de sentir *compasión hacia uno mismo*.

- **Falta de recursos**: Algunas personas pueden carecer de los recursos necesarios para ser compasivos consigo mismos. Esto incluye habilidades y herramientas prácticas para gestionar emociones, crear una conexión consigo mismo y practicar la *autorreflexión*.

En última instancia, la falta de autocompasión puede ser el resultado de una combinación de factores. Si crees que necesitas ayuda para trabajar en tu autoestima y desarrollar una relación saludable contigo mismo, es importante buscar el apoyo adecuado.

Puedes hablar con un terapeuta o profesional de *coaching* calificado para obtener más información sobre cómo puedes trabajar en tu *autocompasión*.

Ejercicios para practicar la autocompasión hacia nosotros mismos

La *autocompasión* es una actitud amorosa y amistosa que adoptamos hacia nosotros mismos. Nos permitimos ser humanos, perdonar nuestros errores y darnos el cuidado y la atención que necesitamos.

Aquí hay algunos ejercicios que pueden ayudar a practicar la *autocompasión* hacia nosotros mismos:

- **Aceptación**: Aceptar que somos imperfectos e inseguros. Estamos tratando de hacer lo mejor que podemos. A veces fallaremos, pero eso no significa que seamos un fracaso.

- ***Cuidado***: Tratarnos con bondad y paciencia. No somos máquinas; estamos hechos de carne y hueso. Necesitamos descansar, comer bien y hacer ejercicio para mantenernos saludables tanto física como mentalmente.

- ***Perdón***: Perdonarnos por nuestros errores y olvidarlos. No sirve de nada castigarnos una y otra vez por algo que ya ha pasado. El *perdón* nos ayuda a seguir adelante y aprender de nuestros errores para mejorar en el futuro.

- ***Reconocimiento***: Reconocer nuestras buenas cualidades, talentos y logros. A veces es fácil olvidarse de los pequeños logros que hemos conseguido a lo largo del camino. Tomarnos un tiempo para recordar todo lo bueno que hemos hecho puede ayudarnos a sentirnos bien con nosotros mismos.

- ***Comprensión***: Ser comprensivos con nosotros mismos cuando estamos pasando por un momento difícil o estamos lidiando con emociones fuertes como la tristeza o la ansiedad. Hablarnos a nosotros mismos como si fuéramos nuestro mejor amigo, respetuosa y gentilmente, es importante para cuidar nuestra salud mental.

Espero que estos ejercicios te ayuden a practicar la autocompasión hacia ti mismo. Siempre recuerda que eres humano y no hay nada malo con eso. Todos cometemos errores, pero también somos capaces de crecer y aprender de ellos.

¡Ámate y sé feliz!

◆ ◆ ◆

¿Cuáles son los beneficios de practicar la autocompasión hacia uno mismo?

Si eres compasivo contigo mismo, podrás:

- Sentirte mejor contigo mismo y tener una mejor opinión de ti.
- Ser más propenso a *perdonarte a ti mismo* y reducir la ansiedad y el estrés que sientes.
- Cuidarte mejor y hacer mejores elecciones para tu bienestar.
- Sentirte motivado para cambiar y mejorar en lugar de criticarte duramente.
- Cultivar la *confianza en ti mismo* y en tu capacidad de superar las adversidades.
- Disminuir la presión que sientes para ser perfecto.
- Tomar decisiones más saludables y centrarte en aquello que realmente importa.
- Ser más resiliente y no dejar que el fracaso te afecte tanto.
- Mejorar t*u autoestima* y tu sentido de seguridad.

En general, la *autocompasión* te ayudará a sentirte mejor contigo mismo y aceptarte tal como eres.

Conclusión

Debes tener *compasión hacia ti mismo*. Nadie es perfecto y todos cometemos errores. El *perdón* es una de las virtudes más importantes que podemos tener.

No te castigues por los errores del pasado, aprende de ellos y sigue adelante.

También es importante que construyas relaciones saludables con los demás. Date un tiempo para fortalecer tus vínculos con otras personas de tu entorno. Esto no solo te ayudará a sentirte mejor contigo mismo, sino que también te ayudará a construir confianza y respeto por los demás.

Por último, trabaja en tu *autoestima*. Trata de percibirte de una manera positiva y reconoce el valor que eres capaz de aportar a la vida de todos aquellos con los que interactúas.

Practica la *gratitud* y aprecia las cosas buenas que suceden en tu vida. Si mantienes estos principios en mente, podrás sentirte mejor contigo mismo y conseguirás alcanzar el equilibrio emocional necesario para llevar una vida feliz y satisfactoria.

CONSEJO 16

Relaciónate con gente que te trate bien

"ELIGE TUS AMIGOS CON CUIDADO, PUES TE MODELARÁN, YA SEA PARA BIEN O PARA MAL"

—*Pitágoras*

¿Alguna vez has sentido que las personas a tu alrededor te *desaniman en lugar de apoyarte y motivarte?* ¡No estás solo! Es importante rodearnos de personas que nos traten bien y nos hagan sentir valorados.

El trato amable es uno de los pilares de cualquier relación sana. Las personas que te respetan y valoran tu opinión son las que debes buscar. Te sentirás mejor contigo mismo si te rodeas de gente así.

Asegúrate de tener amigos que te apoyen y te alienten a ser mejor. Establece límites con aquellos que te tratan mal o no se toman en serio tu *autoestima*. Si la persona no está dispuesta a respetarte, entonces considera si realmente es alguien con quien quieres pasar tiempo.

No hay lugar para la crítica destructiva, el acoso o los comentarios negativos. Si alguien dice algo que te hace sentir mal o te pone a la defensiva, dile que estás incómodo y explícale por qué.

Desde entonces, considera si es una relación sana para ti.

Finalmente, asegúrate de ser una buena persona con los demás. Trátalos con el mismo respeto que deseas recibir, y estarás en camino hacia la construcción de buenas relaciones.

¿Cuáles son las señales para determinar si puedes confiar en la persona con la que estás interactuando?

¿Alguna vez has tenido a alguien que te hace sentir mal? ¿O tal vez una pareja que te trata de controlar? Es fácil relacionarse con gente así, pero es difícil mantener esas relaciones. A veces, es mejor alejarte de las personas que no te tratan bien.

Pero, *¿cómo saber si la persona con la que estás interactuando es alguien en quien puedes confiar?* Establecer una buena relación requiere tiempo y esfuerzo, pero vale la pena el trabajo si encuentras a alguien en quien puedas confiar.

Estas 5 señales te ayudarán a saber si la persona con la que estás interactuando es alguien en quien puedes confiar.

Si encuentras alguna de estas señales, es importante tomar decisiones acertadas para proteger tu salud mental y emocional.

1. Desprecio o críticas constantes.

Una persona en quien no se puede confiar le hará sentir a la otra persona como si ella fuera menos que él. Esto puede manifestarse como burlas, críticas constantes o desprecio hacia los intereses y puntos de vista de la otra persona. Si alguien con quien estás interactuando te hace sentir mal acerca de ti mismo, es una *señal de advertencia* clara de que tal vez esta sea una relación tóxica y no confiable.

2. Control excesivo.

Un signo claro de que una relación no es saludable es cuando alguien trata de controlar todo lo que tú haces. *Esto incluye cosas como decidir a quién debes ver, dónde debes ir y qué debes hacer en tu tiempo libre sin tu consentimiento.* Estas son *señales de advertencia* de que alguien en quien no se puede confiar trata de controlar tu vida.

3. Mentiras reiteradas.

Si alguien miente constantemente, es un signo claro de que esta persona no es alguien en quien se pueda confiar. Si notas que la persona con la que estás interactuando *te dice mentiras*, debes tener cuidado y considerar alejarte de esta relación. Las *mentiras* son un signo de que la otra persona no cumple con sus promesas, lo que significa que está tratando de *engañarte o manipularte* para obtener lo que quiere.

4. Negatividad excesiva.

Si alguien en quien no se puede confiar es negativo y siempre está buscando la forma de *culparte o hacerte sentir mal*, esta es una señal clara de que esta persona no es alguien de quien debes fiar. Si notas que la persona con la que estás interactuando constantemente trata de echarle la culpa a los demás por sus problemas, entonces hay un problema con esta relación.

5. Ausencia de compromiso.

Si alguien con quien interactúas constantemente no cumple con sus *promesas* o compromisos contigo, entonces este podría ser un signo claro de que tal vez no sea alguien en quien puedas confiar. Las personas que son fiables cumplen lo que prometen y tratan de respetar tus límites. Si notas que tu amigo o pareja no cumple con su palabra, esto debería ser una señal para que pongas fin a esta relación.

Es importante tener cuidado al involucrarse en cualquier tipo de relación. Establecer una buena relación requiere tiempo y esfuerzo, pero vale la pena el trabajo si encuentras a alguien en quien puedas *confiar.*

Es crucial prestar atención a las señales de advertencia antes de comprometerse con una persona, ya que los signos anteriores son indicativos de que tal vez la otra persona no sea alguien en quien puedas confiar.

Si notas alguna de las señales anteriores, es mejor alejarse y buscar personas más fiables con quienes interactuar y mantener relaciones saludables.

¿Por qué es importante relacionarte con gente que te trate bien?

Es importante relacionarte con gente que te trate bien porque te ayudará a sentirte mejor contigo mismo. Cuando estás rodeado de personas que te respetan y valoran, te sientes más seguro de ti mismo y también te ayuda a mejorar tu autoestima.

Además, tener relaciones saludables con personas que te tratan bien te ayuda a tener una mejor comunicación y comprensión entre ustedes.

Esto te permitirá tener amistades más duraderas y sólidas.

También, relacionarte con gente que te trata bien ayuda a mejorar tu calidad de vida. Estas relaciones saludables pueden ser una gran fuente de apoyo y motivación para ti cuando enfrentes los desafíos de la vida.

Finalmente, relacionarte con gente que te trata bien te ayuda a alcanzar tus metas y objetivos. Estas personas te animarán y motivarán a seguir adelante en tu camino hacia el éxito.

En conclusión, es importante relacionarte con personas que te traten bien porque mejorará tu bienestar emocional, tu comunicación y comprensión, tu calidad de vida y te ayudará a lograr tus metas.

¿Cuál es la razón por la que nos relacionamos con personas que afectan nuestra autoestima?

La *autoestima* es la opinión que tenemos de nosotros mismos y se forma a partir de las experiencias que vivimos. Si siempre estamos rodeados de personas que nos tratan mal, nuestra *autoestima* irá decayendo poco a poco hasta llegar a un punto en el que no nos veremos como seres capaces de merecer amor y respeto.

Por eso, es importante rodearnos de gente que nos trate bien, que nos haga sentir valiosos y capaces, para así cuidar nuestra *autoestima*.

En ocasiones, nos relacionamos con gente que afecta nuestra *autoestima* porque buscamos el reconocimiento y el afecto de la otra persona.

Si alguien nos trata mal, sentimos un impulso interno para intentar recuperar su favor mediante la búsqueda de aprobación.

Estas situaciones pueden llevarnos a bajar nuestra *autoestima*, ya que en lugar de hacernos sentir mejor sobre nosotros mismos, nos sentimos presionados para cambiar quienes somos.

Por tanto, es importante que nos rodee gente que nos trate bien, que nos *valore* y que nos *respete*. Esto hará que nuestra *autoestima* se mantenga alta y nos sentiremos más felices y seguros de nosotros mismos.

Ejercicios para mejorar las relaciones con las personas

Hay muchas formas de mejorar las relaciones con las personas que nos rodean. A continuación, te presento algunos ejercicios para que aprendas a relacionarte con gente que te trate bien.

- *Aprende a identificar a las personas que te tratan bien. ¿Cómo se comportan con respecto a ti? ¿Cómo te hacen sentir?* Anota sus características y compórtate de la misma manera con ellos.

- *Intenta siempre ser positivo y dar lo mejor de ti mismo.* Las personas que te tratan bien son aquellas que valoran tu energía positiva y quieren estar cerca de ti.

- *Toma la iniciativa y propón actividades en las que disfruten juntos.* Una buena manera de estrechar los lazos es haciendo cosas divertidas juntos, así que no tengas miedo de sugerir nuevas ideas.

- *Respeta sus límites y escucha sus necesidades.* Si respetamos a las personas que nos rodean, ellos también lo harán con nosotros.

- *Aprende a decir "no" de forma educada.* Si alguien te pide algo y no estás de acuerdo, comunícaselo de la forma más amable posible. Así evitarás malentendidos o situaciones incómodas.

- *Apoya sus logros y disfruta los buenos momentos juntos.* Esto les demostrará que realmente valoras su éxito y ayudará a reforzar la relación.

Finalmente, muestra gratitud por el tiempo que estás pasando juntos. Las personas que te quieren se sentirán más cerca si les demuestras que valoras su tiempo.

Espero que estos ejercicios te ayuden a relacionarte con gente que te trate bien.

Los beneficios de rodearte de gente positiva y que te trate bien

La vida es mejor cuando estás rodeado de gente positiva y que te trata bien. La energía y el buen humor de estas personas son contagiosos, lo que te ayuda a ver la vida de una manera más optimista.

Estas personas también son más propensas a ser amables y comprensivas contigo, lo que puede hacer que las relaciones sean más fáciles y gratificantes.

Además, este tipo de personas pueden ayudarte a encontrar tu fuerza interior y motivarte para alcanzar tus metas. Esto te permitirá desarrollar la *confianza en ti mismo*, mejorar tu *autoestima* y tener el coraje necesario para enfrentar los desafíos de la vida.

Por último, tener personas cercanas que sean positivas y que te traten bien te ayudará a sentirte amado y aprobado por aquellos que más quieres.

Conclusión

Espero que hayas podido reflexionar un poco sobre la importancia de *rodearte de gente que te trate bien*. Si bien es cierto que todos tenemos amigos y familiares que a veces no nos tratan como queremos, también es cierto que estar rodeado de personas negativas y tóxicas no nos ayuda a crecer ni evolucionar como seres humanos.

Por lo tanto, si te sientes maltratado por la gente que te rodea, tal vez sea hora de hacer un cambio en tu vida y buscar nuevas amistades.

No merecemos pasar nuestra vida rodeada de personas que no nos valoran ni respetan.

¡No olvides que tu felicidad es lo primero!

CONSEJO 17

Practica el "autocuidado"

"CUIDA TU CUERPO. ES EL ÚNICO LUGAR QUE TIENES PARA VIVIR"

—*Jim Rohn*

¿*Te sientes desanimado y con poca autoestima?* A veces, la mejor manera de aumentar nuestra confianza es dedicando tiempo a cuidarnos a nosotros mismos.

El *autocuidado* no solo nos hace sentir bien físicamente, sino que también puede tener un impacto emocional positivo en nuestro estado de ánimo y *autoestima*.

El *autocuidado* es importante para mejorar la *autoestima* porque nos ayuda a darnos cuenta de lo valiosos que somos.

Aceptarnos y querernos tal y como somos es el primer paso para mejorar nuestra autoestima.

Luego, podemos practicar el autocuidado para darnos cuenta de todas las cosas maravillosas que podemos hacer. El *autocuidado* también nos ayuda a relajarnos y a sentirnos bien con nosotros mismos.

El *autocuidado* es una manera de amarse a uno mismo y de mejorar la *autoestima*. Puede incluir hábitos como cuidar la piel, el cabello y el cuerpo en general; practicar ejercicio regularmente; y llevar una dieta saludable.

También es importante tener actividades que nos hagan sentir bien, como leer, bailar o pasear en la naturaleza.

El *autocuidado* es fundamental para mantenerse saludable física y mentalmente. También puede ayudar a reducir el estrés, la ansiedad y la depresión. Al tomar el tiempo para cuidarse a uno mismo, se podrá disfrutar mejor de la vida.

Aunque el *autocuidado* significa cosas diferentes para cada persona, hay algunas actividades que todos deberíamos tratar de incorporar en nuestra rutina diaria.

Estos incluyen comer saludablemente, hacer ejercicio regularmente, descansar adecuadamente y compartir socialmente. Estas actividades pueden ser divertidas y gratificantes si se toman en serio.

Algunas maneras de practicar el *autocuidado* para mejorar la autoestima incluyen:

- **Reconocer y aceptar tus sentimientos**, sean buenos o malos. No trates de ignorarlos o reprimirlos.

- **Toma tiempo para hacer cosas que te gusten**, como tu hobby favorito o un nuevo pasatiempo.

- **Practica algún tipo de ejercicio** regularmente para liberar endorfinas y estar en forma.

- **Haz cosas que te ayuden a crecer como persona**, como leer libros motivacionales o asistir a talleres de desarrollo personal.

- *Intenta descansar* lo suficiente cada noche para mantenerte despierto durante el día. Esto te ayudará a sentirte con energías renovadas y listo para afrontar los retos diarios.

- *Reconoce tus logros* y disfruta de los mismos. No des por sentado lo que has conseguido.

- *Trata de mantener una alimentación sana* y equilibrada para mantener tu cuerpo saludable.

- *Aprende a decir "no"* cuando algo no te interese o no esté dentro de tus capacidades. Esto te ayudará a sentirte más seguro en tus decisiones.

- *Rodéate de personas positivas* que te ayuden a sentirte bien contigo mismo y a ver el lado bueno de la vida.

- *Practica el autocontrol* y aprende a controlar tus emociones. Esto te ayudará a ser más consciente de ti mismo y a saber cuándo necesitas un poco de espacio para relajarte y recargar energías.

Practicar el autocuidado es una forma eficaz de mejorar la autoestima. Si te cuidas bien, sentirás que mereces lo mejor y que estás listo para enfrentarte a cualquier desafío.

¿Por qué es importante el autocuidado para nuestra autoestima?

El *autocuidado* es importante para nuestra *autoestima* porque nos ayuda a darnos cuenta de lo valiosos que somos.

Cuando nos cuidamos y nos tomamos el tiempo para hacer cosas que nos gustan, estamos diciendo a nuestro cerebro que merecemos ser felices y merecemos cuidarnos.

El *autocuidado* también nos ayuda a reducir el estrés, lo cual es muy beneficioso para nuestra *autoestima*.

Además, al cuidarnos de manera saludable, nos sentimos más seguros y con un mayor sentido de control. Esto nos ayuda a desarrollar la *confianza* en nuestras habilidades y en nosotros mismos, lo cual es crucial para nuestra *autoestima*.

En resumen, el *autocuidado* es muy importante para nuestra *autoestima* porque nos ayuda a darnos cuenta de lo valiosos que somos, reduce el estrés y nos hace sentir más seguros y confiados.

¿Por qué nos descuidamos a nosotros mismos?

Muchas personas no practican el *autocuidado* porque no se sienten merecedoras de atención y amor. Puede ser que hayan pasado por momentos difíciles en los que nadie les brindó apoyo, o tal vez siempre hayan tenido una *autoestima baja*.

En cualquier caso, es considerable reconocer que merecemos cuidarnos a nosotros mismos y hacerlo es un acto de amor.

Otra razón por la que no practicamos el *autocuidado* es el estrés y la falta de tiempo. Muchas veces, nos enfrentamos a desafíos diarios y nos sentimos abrumados por nuestras responsabilidades. Por este motivo, podemos olvidarnos de dedicarnos un tiempo para relajarnos y cuidar de nosotros mismos.

Finalmente, también hay personas que no practican el *autocuidado* porque son demasiado críticas consigo mismas. Esto significa que siempre están buscando la perfección y no se dan un descanso ni aceptan sus errores. Para estas personas, es difícil parar y tomarse el tiempo para el *autocuidado*.

Dedicarnos tiempo para relajarnos, practicar alguna actividad creativa o simplemente pasar tiempo de calidad con nuestros seres queridos, puede ser beneficioso para nuestra salud mental y emocional.

Ejercicios para practicar el autocuidado en nosotros mismos

El *autocuidado* es importante para nuestra salud física y mental. Tener una buena *autoestima* nos ayuda a sentirnos mejor con nosotros mismos y a lidiar mejor con los problemas de la vida. Practicar el *autocuidado* puede ayudarnos a mejorar nuestra *autoestima*.

Aquí hay algunos ejercicios que puedes hacer para practicar el *autocuidado*:

- *Escribe una lista de todas las cosas que te gustan de ti mismo.* Incluye tanto las cosas superficiales como profundas. Asegúrate de leer esta lista todos los días, especialmente cuando te sientas mal contigo mismo.

- *Haz ejercicio regularmente.* El ejercicio no solo es bueno para tu cuerpo, también te ayuda a despejar la mente y a sentirte mejor contigo mismo.

- *Cuida tu dieta.* Comer bien te ayuda a sentirte energizado y saludable, lo cual es importante para mantener un buen estado de ánimo.

- **Mantén una rutina de descanso**. Asegúrate de que tienes suficiente descanso para sentirte saludable y con energía.

- **Haz algo creativo**. Desarrollar tu creatividad te ayuda a sentirte orgulloso de ti mismo y puede ser divertido.

- **Respira profundamente**. La respiración profunda es una excelente manera de relajarte y calmar los nervios.

- **Tómate tiempo para hacer algo que disfrutes**. Dedicarte un tiempo para disfrutar de algo que te guste, es importante para desconectar del estrés diario.

- **Conéctate con tus amigos**. Las relaciones saludables son importantes para sentirse bien con nosotros mismos. Asegúrate de tomar al menos una vez a la semana para conectarte con tus amigos.

- **Medita**. La meditación es una excelente forma de conectar con tu interior y calmar la mente.

- **Practica la gratitud**. Tomar el tiempo para reflexionar sobre las cosas por las que estás agradecido puede ayudarte a sentirte mejor contigo mismo.

- **Haz algo bueno para alguien más**. El hecho de ayudar a otros te hará sentirte mejor contigo mismo y también le dará una sonrisa a alguien.

Espero que estos ejercicios te ayuden a practicar el autocuidado y mejorar tu autoestima. ¡No olvides que tienes el poder de cuidarte!

Los beneficios si practicamos el autocuidado

Si practicamos el *autocuidado*, podremos lograr varios beneficios.

En primer lugar, mejoraremos nuestra *autoestima*. Cuando nos cuidamos y nos sentimos bien con nosotros mismos, esto se refleja en nuestra actitud y comportamiento.

También tendremos más energía para afrontar los retos diarios.

Otro beneficio es que reduciremos el estrés y la ansiedad. Al darnos un tiempo para relajarnos, podremos estar más tranquilos y centrados.

Finalmente, practicar el *autocuidado* nos permitirá disfrutar de una mejor salud física y mental. Al tomar decisiones saludables como dormir lo suficiente, hacer ejercicio y comer alimentos nutritivos, estaremos fortaleciendo nuestros cuerpos y mentes.

◆ ◆ ◆

Conclusión

Para mejorar nuestra *autoestima*, debemos practicar el *autocuidado*. El *autocuidado* es hacer cosas que nos ayuden a cuidarnos física, mental y emocionalmente.

Algunas formas en las que podemos practicar el autocuidado son:

- Ejercitarse regularmente.
- Comer una dieta balanceada.
- Dormir lo suficiente.
- Tener actividades que nos hagan sentir bien.
- Limitarnos el uso de las redes sociales.
- Rodearnos de personas positivas.
- Practicar la gratitud.
- Tomar tiempo para hacer cosas que disfrutemos.

- Hablar con un profesional si es necesario.

Es importante tener en cuenta que la mejora de la autoestima no sucederá de la noche a la mañana, pero con el tiempo y los esfuerzos para practicar el autocuidado, verás resultados positivos.

En conclusión, la *autoestima* es una opinión que tenemos de nosotros mismos y se puede mejorar mediante el *autocuidado*. Practicando el *autocuidado* podemos llevar una vida plena y satisfactoria.

CONSEJO 18

Tómate un descanso

"DESCANSAR EN LA MITAD DEL TRABAJO ES TAN IMPORTANTE COMO TRABAJAR EN LA MITAD DEL DESCANSO"

—*Abraham Lincoln*

En nuestro mundo, cada vez más acelerado y lleno de responsabilidades, es fácil sentirse agotado. *¿Cómo podemos mantenernos en equilibrio y encontrar tiempo para cuidar nuestra salud mental?*

A menudo, el cansancio mental y físico son los primeros indicios de que necesitamos *tomar un descanso*. El estrés crónico puede afectar nuestra salud física y mental, por lo que es importante reconocer los signos de que necesitamos darnos un respiro.

Si te sientes abrumado o si tu rendimiento está disminuyendo, toma un descanso para evitar el cansancio mental y físico.

Una breve pausa puede ayudarte a recargar tus energías, mejorar tu estado de ánimo y aumentar tu capacidad de concentración.

Toma un descanso para hacer las cosas que te gustan y relajarte; la vida es demasiado corta para pasarla en el trabajo.

Es relevante notar que el descanso no significa permanecer inactivo. Es igualmente importante mantenerse activo para mejorar tu salud mental y física. Intenta practicar deportes, caminar, yoga o meditación para liberar las tensiones acumuladas. Estas actividades te ayudarán a desconectar de los problemas diarios y aumentar tu nivel de energía.

¡No te olvides de ti mismo! A veces, es fácil olvidarse de tomar un descanso para relajarse y centrarse en uno mismo.

Sin embargo, es muy valioso hacerlo para mantenerse saludable mental y físicamente.

Dedica algunos minutos a hacer algo que realmente disfrutes, ya sea leer un buen libro, darte un baño relajante o simplemente caminar al aire libre.

Tomar un descanso es crucial tanto para tu salud mental como para tu rendimiento en el trabajo. Aquí hay cinco razones por las que deberías *tomarte un descanso*:

1. Mejora tu humor.

2. Aumenta tu energía.

3. Te ayuda a concentrarte.

4. Mejora tu memoria.

5. Reduce el estrés.

◆ ◆ ◆

¿De qué manera descansar puede influir en mejorar tu autoestima?

Al *tomar un descanso,* te das tiempo para relajarte, desconectar y replantear las cosas. Esto te ayuda a ver las cosas desde una perspectiva diferente y te da la oportunidad de pensar en lo que has logrado en lugar de centrarte en lo que no has podido hacer.

También te permite adoptar una actitud más positiva hacia ti mismo y empezar a creer en ti. Cuando tienes una *autoestima más alta,* te esfuerzas para lograr tus objetivos con más confianza y determinación.

Tomar un descanso también ayuda a tu *autoestima* porque te da la oportunidad de dedicar tiempo a actividades que realmente disfrutes, como visitar parques, practicar deportes o pasar tiempo con amigos. Estas actividades te permiten divertirte y relajarte, lo cual es una excelente manera de mejorar tu *autoestima.*

Además, al hacer cosas que disfrutas y te hacen sentir bien contigo mismo, estás afirmando tu valía como persona.

En resumen, tomar un descanso puede ayudarte a mejorar tu *autoestima* porque te da la oportunidad de replantear las cosas desde una perspectiva diferente, adoptar una actitud más positiva y dedicarte a actividades que disfrutes.

◆ ◆ ◆

Razones por los cuales a menudo descuidamos tomar descansos en nuestras vidas

A veces, nos sentimos culpables por *tomar un descanso*. Pensamos que estamos siendo perezosos o que no estamos cumpliendo con nuestras responsabilidades.

Pero, *¿sabías que tomar un descanso puede ser beneficioso para tu salud?* Aquí te dejamos algunas razones por las que debes tomarte un descanso:

- *Para recargar tus energías*: Cuando estamos cansados, nuestro cuerpo nos pide un *descanso* para recuperar fuerzas. Si no le hacemos caso, podemos llegar a sufrir de agotamiento y cansancio.

- *Para reducir el estrés*: Tomarse un tiempo para relajarse y desconectar de todo puede ayudarnos a reducir el nivel de estrés y ansiedad. Así podremos afrontar mejor las situaciones difíciles cuando volvamos a enfrentarlas.

- *Para cuidar tu salud*: El estrés crónico puede causar diversos problemas de salud, como trastornos de la alimentación, insomnio y depresión. *Tomarse un descanso* puede ayudar a prevenir estas enfermedades y mejorar nuestro bienestar.

- *Para dedicarte a tus hobbies*: Un *descanso* también nos da la oportunidad de dedicarnos a aquellas actividades que nos hacen sentir bien como leer un libro, pintar, ver series, etc. Estas actividades nos permiten distraernos y recargar nuestras energías.

En definitiva, tomarse un descanso periódicamente es beneficioso para nuestra salud física y mental. Así que no te sientas culpable si necesitas alejarte de tu rutina para dedicarte a ti mismo. ¡Disfruta el tiempo libre con responsabilidad!

Ejercicios que nos pueden ayudar a recargar las baterías

¿Estás cansado de sentirte cansado? ¿Te sientes estresado, abrumado o simplemente agotado sin saber por qué? Puede ser hora de *tomar un descanso*. No, no hablo de unas vacaciones (aunque eso también puede ser muy útil). Hablo de un descanso en nuestra vida diaria que nos permita recargar las baterías y volver a sentirnos como nosotros mismos.

Si te sientes abrumado por tu rutina diaria, si constantemente te sientes cansado o si sencillamente no te encuentras a ti mismo en este momento, tal vez sea hora de *tomar un descanso*.

Esto no significa que tengas que abandonar tu vida y huir a las montañas durante meses (aunque, si eso es lo que necesitas, ¡adelante!). Lo que estoy diciendo es que quizás debas considerar la idea de reducir el ritmo durante un tiempo y centrarte en ti mismo.

Aquí hay algunos ejercicios que pueden ayudarte a tomar la decisión de *tomar un descanso*:

- **Realiza una autoevaluación**. Pregúntate *cómo te sientes y por qué*. Analiza cuáles son tus principales preocupaciones, *qué es lo que más te afecta* y si hay áreas en tu vida en las que necesitas trabajar para mejorar tu estado emocional.

- *Establece prioridades.* Toma una hoja de papel y anota lo que debes hacer durante el día y prioriza los objetivos más importantes para ti. Elimina aquellas tareas que no sean necesarias para concentrarte en aquellas cosas realmente considerables para ti.

- *Desconecta de la red social.* Cortar el cable con la vida de los demás puede ser liberador. Prueba eliminar temporalmente las redes sociales de tu vida. No tienes que desaparecer completamente, pero sí tomarte un *descanso* para volver a centrar tu atención en ti mismo.

- *Haz algo diferente.* Muchas veces nos sentimos estancados en nuestra rutina diaria y no sabemos cómo salir de ella. Prueba hacer algo diferente: toma un taller, aprende un nuevo idioma o haz alguna actividad que siempre hayas querido hacer, pero nunca te diste el tiempo para ello.

- *Escucha lo que tu cuerpo necesita.* Tómate el tiempo para escuchar lo que tu cuerpo te dice y respétalo. Si necesitas descansar más, duerme más; si necesitas comer mejor, come mejor; si necesitas ejercitarte, hazlo; etc.

- *Busca ayuda profesional.* Si sientes que la situación es más grave y no puedes manejarla solo, busca ayuda profesional. Un *coach* puede ser una gran fuente de apoyo para cuando estamos pasando por momentos difíciles.

Tener un *descanso de tu vida* diaria puede ser una gran ayuda para volver a sentirte como tú mismo. No tienes que hacerlo por mucho tiempo, pero sí es importante tomarse el tiempo para relajarse y centrarse en lo que es realmente importante para ti.

Espero que estos ejercicios te ayuden a tomar la decisión de *tomarte un descanso en tu vida.*

◆ ◆ ◆

Los beneficios de tomarnos un descanso

Los seres humanos no somos máquinas, y a veces necesitamos un *descanso* para recargar nuestras energías. Tanto el cuerpo como la mente necesitan tiempo para descansar y recuperarse de las actividades del día a día.

Tomarse un descanso puede mejorar la *autoestima* y el bienestar general. Aquí están algunos beneficios de tomarse un *descanso*:

- *Mejora la capacidad de concentración*: cuando estamos cansados, nuestro cerebro no funciona tan bien como debería. *Tomarse un descanso* permite que el cerebro se recupere y vuelva a estar en plena forma.

- *Reduce el estrés*: el estrés puede causar problemas físicos y mentales, por lo que es importante reducirlo en la medida de lo posible. *Tomarse un descanso* ayuda a relajarse y disfrutar de la vida.

- *Aumenta la energía*: cuando estamos cansados, nos sentimos sin energía e incluso podemos llegar a tener dolores de cabeza. *Descansar* nos ayuda a recuperar la energía y estar listos para enfrentarnos a nuestros desafíos.

- *Mejora la autoestima*: cuando descansamos, nos sentimos mejor con nosotros mismos y esto se refleja en el comportamiento y los resultados que obtenemos en la vida. Esto mejora nuestra *autoestima y confianza en nosotros mismos*.

- *Detiene el exceso de pensamiento*: A veces, nuestra mente puede empezar a vagar sin control, pensando en todas las cosas que tenemos que hacer o preocupándonos por cosas que no podemos controlar.

Tomarse un descanso ayuda a parar ese exceso de pensamiento y centrarse en lo importante.

Tomarse un descanso no solo puede mejorar la autoestima, sino que también ayuda a nuestro cuerpo y mente a recargar energías y estar listos para afrontar la vida con optimismo.

Es fundamental hacer un balance entre el trabajo y el descanso, para mantenerse saludable y feliz.

Conclusión

Para terminar, quiero recordarte que todos necesitamos un *descanso* de vez en cuando. No importa si estás trabajando en un proyecto importante, o si te sientes abrumado por el día a día.

Tomar un descanso te ayudará a recargar tus energías y volver a enfocarte con más claridad.

¡Así que no dudes en tomarte ese *break* cuando lo necesites!

CONSEJO 19

Usa afirmaciones positivas

*"LO QUE LA MENTE PUEDE CONCEBIR Y CREER, LO
PUEDE LOGRAR"*

—Napoleón Hill

Utiliza *afirmaciones positivas* para mejorar tu *autoestima*. Sí, puedes hacerlo. Sí, eres capaz. Tú puedes lograr todo lo que te propongas. Creo en ti. Eres valioso e importante.

Empieza por creer en ti mismo y en tus habilidades. Si no confías en ti, *¿cómo podrás esperar que otros lo hagan?*

Usa *afirmaciones positivas* diariamente para reforzar tu *autoestima* y mejorar tu actitud.

Poco a poco, notarás una gran diferencia en cómo te sientes acerca de ti mismo y en cómo reaccionas ante los retos de la vida.

La gente con buena *autoestima* se siente bien consigo misma y tiene confianza en su capacidad para hacer las cosas. Si tu *autoestima* no es tan alta, puedes mejorarla empleando *afirmaciones positivas*.

Las afirmaciones positivas son una herramienta muy poderosa para mejorar tu autoestima.

Las *afirmaciones positivas* te ayudarán a cambiar la forma en que piensas acerca de ti mismo y de tu vida. Te darán una nueva perspectiva y te ayudarán a ver las cosas de manera diferente.

Puedes utilizar las *afirmaciones positivas* en cualquier momento y en cualquier lugar. Puedes decirlas en voz alta o simplemente pensarlas. Lo importante es que te concentres en el mensaje positivo y lo sientas verdadero para ti.

A continuación te presento algunas de las *afirmaciones positivas* que pueden ayudarte a mejorar *tu autoestima:*

- *Soy capaz de lograr todo lo que me propongo.*
- *Tengo todo lo necesario para ser feliz y tener éxito.*
- *Soy merecedor del amor, la alegría y la abundancia que deseo.*
- *Mi vida está llena de amor, risas y abundancia.*
- *Confío plenamente en mi capacidad para lograr todo lo que me propongo.*
- *Soy una persona amorosa, fuerte y valiente.*
- *Estoy abierto a recibir todas las bendiciones que me rodean.*
- *Me amo, me respeto y me valoro profundamente.*
- *Elegiré ver la vida con optimismo y afrontar los desafíos con valentía.*
- *Soy capaz de alcanzar mis sueños.*

Espero que estas afirmaciones positivas te ayuden a cambiar tu perspectiva y mejorar tu autoestima. Siempre recuerda que eres increíblemente poderoso, lleno de amor y mereces el éxito.

¿Cuál es la importancia de las afirmaciones positivas para potenciar la autoestima?

Las *afirmaciones positivas* son importantes para potenciar la autoestima porque te ayudan a centrarte en lo que quieres lograr. Si te concentras en tus objetivos y crees en ti mismo, puedes lograr cualquier cosa.

Las afirmaciones positivas también te ayudan a ver el lado positivo de las cosas y a no caer en los errores del pasado.

Dicho esto, las *afirmaciones positivas* también pueden ayudarte a cambiar tu punto de vista sobre la vida. Si te concentras en lo bueno y te das el crédito que mereces, tu *autoestima* crecerá y mejorará tu bienestar general.

Además, al centrarse en los aspectos positivos de la vida, es más probable que experimentes sentimientos de felicidad y satisfacción.

Cuidado con las afirmaciones negativas

En cambio, las afirmaciones negativas son aquellas en las que nos concentramos en lo que no queremos o no tenemos. *Por ejemplo,* "*no quiero ser gorda*", "*no soy buena para los exámenes*" o "*no tengo suficiente dinero*". Usar afirmaciones negativas tiene varias consecuencias negativas.

En primer lugar, al concentrarnos en lo que no queremos, le estamos dando más energía y atención. Esto significa que es más probable que se cumplan nuestras afirmaciones negativas.

En segundo lugar, las afirmaciones negativas nos hacen sentir mal. Al pensar en ellas, inevitablemente nos sentiremos tristes, ansiosos o deprimidos. Y cuanto más nos concentremos en ellas, más emocionalmente afectados nos volveremos.

Por último, las afirmaciones negativas limitan nuestra creatividad e impiden que veamos otros posibles resultados. Nos ciegan ante la posibilidad de ver soluciones alternativas y oportunidades que quizá no habíamos considerado.

Por esto es que se recomienda usar *afirmaciones positivas* en lugar de afirmaciones negativas.

Ejercicios para practicar las afirmaciones positivas

Escribe una lista de 10-20 *afirmaciones positivas* sobre ti mismo. Incluye tanto aspectos físicos como internos. Asegúrate de que sean específicas y realistas. Por ejemplo, en lugar de *"soy hermosa"*, puedes decir *"tengo una bonita sonrisa"*.

Repite estas afirmaciones todos los días, al levantarte y antes de acostarte. Intenta decirlas en voz alta con convicción y entusiasmo. Hazlo con fe y verás cómo tu *autoestima* irá mejorando poco a poco.

50 afirmaciones positivas que nos ayudarán a mejorar la autoestima

En primer lugar, debes identificar las áreas de tu vida en las que necesitas mejorar.

Luego, busca *afirmaciones positivas* que te ayuden a cambiar esos aspectos. *Por ejemplo,* si quieres mejorar tu relación con la comida, puedes utilizar una afirmación como *"Me amo y me respeto lo suficiente como para alimentarme de forma saludable"*.

Repite estas afirmaciones todos los días, especialmente cuando te sientas bajo de ánimos o inseguro. Con el tiempo, verás cómo tu *autoestima* irá mejorando poco a poco.

A continuación, te dejo 50 afirmaciones positivas para mejorar tu *autoestima*:

1. *Estoy orgulloso de quien soy.*

2. *Soy capaz de lograr todo lo que me propongo.*

3. *Me merezco todas las cosas buenas que me sucedan.*

4. *Soy una persona digna de amor y respeto.*

5. *Me siento seguro conmigo mismo y en mi entorno.*

6. *Estoy abierto a nuevas experiencias y desafíos en mi vida diaria.*

7. *Tengo derecho a cometer errores y aprender de ellos sin juzgarme a mí mismo demasiado duro por ello.*

8. *Confío en mis habilidades para solucionar los problemas que se me presenten en la vida cotidiana.*

9. *Valoro el tiempo que dedico a mi propio bienestar y crecimiento.*

10. *Estoy dispuesto a abrazar mis vulnerabilidades y enfrentar mis miedos con valentía.*

11. *Me acepto tal y como soy, con todas mis cualidades y defectos.*

12. *Confío en mi capacidad para mejorar mi vida y alcanzar todos mis objetivos.*

13. *El éxito no está ligado a los resultados externos, sino al esfuerzo que realizo para lograrlos.*

14. *Creo firmemente en mi potencial para crecer como persona en todos los ámbitos de mi vida.*

15. *Estoy orgulloso de las habilidades que he adquirido hasta ahora y las usaré con sabiduría.*

16. *Estoy listo para afrontar cualquier desafío que se me presente con entusiasmo y optimismo.*

17. *Me acepto como un ser único e irrepetible, lleno de posibilidades y talentos innatos.*

18. *Mi éxito depende únicamente de mi trabajo duro, esfuerzo y dedicación.*

19. *Soy responsable de mis acciones y tomaré las decisiones correctas para lograr mis objetivos.*

20. *Aprecio mi vida y me siento agradecido por los logros alcanzados hasta ahora.*

21. *Me rodeo de personas positivas y afirmativas que me ayuden a crecer como persona.*

22. *Las críticas constructivas siempre serán bienvenidas para mejorar mis habilidades.*

23. *Soy una persona única, con talentos y cualidades especiales que nadie más posee.*

24. *Estoy orgulloso de lo lejos que he llegado hasta ahora en la vida.*

25. *Estoy abierto a aprender nuevas cosas cada día para convertirme en una mejor versión de mí mismo.*

26. *Me acepto y respeto tal y como soy, con mis fortalezas y debilidades.*

27. *Estoy preparado para superar los obstáculos que se me presenten en el camino.*

28. *Estoy decidido a ser el dueño de mi propio destino y controlar mi propio futuro.*

29. *Soy capaz de crear una vida rica, llena de amor, éxito y felicidad.*

30. *Me siento seguro conmigo mismo y no tengo miedo de mostrar mis verdaderos sentimientos.*

31. *Soy un ser humano único e irrepetible que merece ser amado por quienes me rodean.*

32. *Aprecio mi bondad, mi empatía y mi habilidad para conectarme con otros seres humanos.*

33. *Tengo la capacidad de ver todas las cosas buenas en la vida, incluso cuando estoy pasando por momentos difíciles.*

34. *Estoy listo para dejar de lado el pasado y abrirme a un futuro lleno de posibilidades.*

35. *Estoy orgulloso de mis logros y los usaré como motivación para alcanzar la meta que me he propuesto.*

36. *Me esfuerzo todos los días por ser la mejor versión de mí mismo que pueda ser.*

37. *Valoro la importancia de vivir en el presente, sin preocuparse demasiado por el futuro incierto.*

38. *Confío en mi capacidad para afrontar nuevos retos con determinación y optimismo.*

39. *Aprecio mi inteligencia, mi creatividad y mi habilidad para solucionar problemas con rapidez e ingenio.*

40. *Estoy agradecido por todas las cosas buenas que tengo en la vida y disfruto cada momento.*

41. *Estoy preparado para vivir la vida de acuerdo a mis propios valores y creencias personales.*

42. *He llegado muy lejos en mi vida y sé que puedo alcanzar cualquier meta que me proponga.*

43. *Soy una persona fuerte, capaz de superar todos los obstáculos que se me presenten en la vida.*

44. *Me permito equivocarme y aprender de mis errores sin juzgarme demasiado duramente por ello.*

45. *Aprecio mi dedicación, mi esfuerzo y mi trabajo duro para conseguir lo que quiero en la vida.*

46. *Me siento seguro cuando estoy rodeado de personas positivas que me animan a ser mejor cada día.*

47. *Estoy orgulloso de todas las cosas buenas que he logrado hasta ahora con tanto esfuerzo y dedicación.*

48. *Me acepto como un ser único e irrepetible con todos mis aciertos y errores.*

49. *Estoy listo para abrazar mi propia individualidad y expresarme libremente tal y como soy.*

50. *Soy capaz de crear una vida plena, feliz y exitosa para mí mismo, sin importar lo que suceda a mi alrededor.*

◆ ◆ ◆

Beneficios de usar afirmaciones positivas en nuestra vida diaria

Las *afirmaciones positivas* son una herramienta muy poderosa para mejorar nuestra *autoestima* y nuestra calidad de vida.

Al usar *afirmaciones positivas*, le estamos diciendo a nuestro cerebro que somos capaces de lograr lo que nos proponemos, que somos seres valiosos y merecedores de *amor* y *respeto*. Esto nos ayuda a sentirnos mejor con nosotros mismos y también nos motiva a seguir adelante cuando las cosas se ponen difíciles.

Las afirmaciones positivas también nos ayudan a atraer lo bueno hacia nosotros.

Si pensamos en cosas positivas, es más probable que estas cosas ocurran en nuestras vidas. Al contrario, si siempre estamos pensando en lo malo que puede sucedernos, es más probable que estas cosas ocurran también.

Por ejemplo, si siempre te dices a ti mismo *"soy un fracasado"*, es muy probable que acabes teniendo un fracaso porque tu mente trabajará para asegurarse de que esto suceda. *Por el contrario*, si te repites constantemente *"soy un triunfador"*, es más probable que tengas éxito en lo que emprendas.

Por último, usar *afirmaciones positivas* nos ayuda a mantenernos motivados y optimistas, especialmente cuando estamos pasando por tiempos difíciles. Esto significa que aún podemos seguir avanzando hacia nuestras metas sin importar qué obstáculos aparezcan en nuestro camino.

En resumen, usar *afirmaciones positivas* en nuestra vida diaria nos ayuda a mejorar nuestra *autoestima* y *confianza*, atraer cosas buenas hacia nosotros y mantenernos motivados cuando las cosas se ponen difíciles.

Es una herramienta que todos deberíamos intentar incorporar para tener una vida más saludable y feliz.

Conclusión

En conclusión, las *afirmaciones positivas* son una herramienta útil para mejorar tu *autoestima* y tu *confianza en ti mismo,* así como para superar situaciones difíciles.

Al repetirte frases motivadoras y positivas, aprenderás a creer en ti mismo y te sentirás más fuerte para enfrentar los desafíos de la vida.

CONSEJO 20

Haz meditación

"LA MEDITACIÓN ES LA ÚNICA LIBERACIÓN DE LA MENTE DE TODAS LAS AFLICCIONES. ES EL MEJOR CAMINO PARA LLEGAR A LA VERDAD SUPREMA"

—*Buda*

Meditar es una forma efectiva de mejorar tu *autoestima*. La *meditación* te ayuda a concentrarte en el presente y a aceptar tus pensamientos y emociones sin juzgarlos.

También te ayuda a establecer límites saludables y a tomar mejores decisiones.

Además, la *meditación* ayuda a desarrollar una actitud más positiva y optimista hacia ti mismo. Te permite tener una mejor comprensión de quién eres y te ayuda a fortalecer tu *confianza en ti mismo*.

Esto, a su vez, puede ayudarte a eliminar los pensamientos negativos y autocríticos y lograr una mejor percepción de la realidad.

La meditación es una herramienta simple pero poderosa para mejorar la autoestima y el bienestar general.

Puede ayudarnos a darnos cuenta de nuestro propio valor, a ser más conscientes de nuestra conexión con los demás y a darnos cuenta de que somos mucho más que lo que vemos en el espejo.

Meditar nos ayuda a conectarnos con nosotros mismos y a tener una mayor comprensión y aceptación de nosotros mismos.

También nos ayuda a darnos cuenta de que somos mucho más que nuestros pensamientos y emociones.

Al practicar la *meditación*, aprendemos a dejar ir los pensamientos negativos sobre nosotros mismos y enfocarnos en el presente. Esto nos ayuda a tener una perspectiva más positiva de nosotros mismos y de nuestras vidas.

Muchas personas creen que la *meditación* es aburrida, solo para hippies o religiosos, o que requiere mucha práctica para obtener beneficios. Sin embargo, esto no es cierto.

La *meditación* puede ser muy simple y gratificante, y cualquiera puede beneficiarse de ella.

Aquí hay algunos de los principales *mitos* sobre la meditación:

- *La meditación es aburrida*: La *meditación* puede ser estimulante y divertida, ya que te ayuda a conectar con tu interior y te permite explorar tu mente de manera relajada.

- *Necesitas ser religioso para meditar*: Aunque la meditación se ha utilizado durante miles de años por diversas religiones, no necesitas una fe o creencias religiosas para practicarla. Es una forma de relajarse y calmar la mente, independientemente de tus convicciones personales.

- *No obtendrás resultados sin mucha práctica*: Aunque hay muchos beneficios para la salud mental y física asociados con la práctica regular de la *meditación*, no necesitas dedicarte a ella durante horas cada día para sentir algún cambio positivo. Incluso solo unos minutos de *meditación* diaria pueden tener un gran impacto en tu salud y bienestar.

- **Tienes que estar en silencio para meditar.** La *meditación* no necesariamente significa estar en silencio. De hecho, hay muchas formas diferentes de meditar, desde la visualización hasta el yoga, y muchos practicantes encuentran que escuchar música suave o un sonido relajante es útil para ayudarles a concentrarse.

- **La meditación debe ser una experiencia espiritual:** Algunas personas creen que la *meditación* debe ser una experiencia espiritual, ya sea enfocada en la realización personal o el crecimiento interior.

Esto no es necesariamente verdad; también puedes usarla como una herramienta para relajarte, reducir el estrés y vivir una vida más saludable.

¿Cuál es el papel de la meditación en el mejoramiento de nuestra autoestima?

Hay muchas razones por las cuales la meditación puede ayudar a mejorar nuestra autoestima.

En primer lugar, cuando meditamos nos concentramos en nuestro propio bienestar y nos damos tiempo para relajarnos y estar presentes.

Esto nos ayuda a darnos cuenta de los valiosos y capaces que somos.

También nos ayuda a dejar de preocuparnos por lo que los demás piensan de nosotros y nos permite enfocarnos en lo que realmente importa.

Otra razón por la cual la meditación es beneficiosa para mejorar nuestra *autoestima* es que nos ayuda a conectarnos con nuestro yo interno y a darnos cuenta de que somos mucho más que nuestras apariencias físicas o materiales.

La *meditación* también nos ayuda a ser más *conscientes* de nuestros pensamientos y emociones, lo cual es importante para mejorar nuestra *autoestima*, ya que podemos identificar y liberar aquellos pensamientos o emociones negativas que nos impiden crecer.

Finalmente, la *meditación* nos ayuda a encontrar un sentido de calma y tranquilidad en nuestro día a día, lo cual nos permite ver el mundo desde una perspectiva más positiva, incrementando así nuestra confianza y *autoestima*.

En definitiva, la *meditación* puede ser una excelente herramienta para mejorar nuestra autoestima, ayudándonos a darnos cuenta de los valiosos y capaces que somos.

Si bien no hay una solución mágica para mejorar nuestra autoestima, practicar meditación puede ser una gran forma de empezar el camino hacia una mayor confianza en nosotros mismos.

Ejercicios para practicar la meditación y mejorar la autoestima

La *meditación* es una técnica muy efectiva para mejorar nuestra *autoestima*. Sin embargo, muchas personas no saben cómo meditar o simplemente no tienen el tiempo necesario para hacerlo. Si estás en este grupo, no te preocupes, hay muchos ejercicios de *meditación* que puedes practicar para mejorar tu *autoestima*.

Aquí hay algunos consejos y ejercicios que puedes usar para mejorar tu *autoestima* a través de la *meditación*:

- Toma unos minutos cada día para sentarte tranquilo y relajado. Cierra los ojos y respira profundamente. Concéntrate en tu respiración y trata de olvidarte de todos los pensamientos negativos que puedan estar rondando tu mente. Respira lenta y profundamente durante 5-10 minutos.

- Una vez que hayas aprendido a controlar tu respiración, trata de dirigir tu mente hacia pensamientos positivos. Puedes imaginar situaciones en las que te sientas orgulloso de ti mismo o visualizar tus logros. Intenta mantener esta imagen durante al menos un minuto para poder sentir los resultados de la *meditación*.

- Otra técnica muy efectiva es la *"meditación del cuerpo"*, en la que te concentras en todos los detalles de tu cuerpo y luego tratas de relajarlo con tus pensamientos. Esto puede ayudarte a mejorar tu *autoestima* al recordarte que el cuerpo es el reflejo del alma y es único e irrepetible.

- *Finalmente,* practica la meditación con un *mantra* que hayas elegido. Elige una frase positiva como *"yo soy amado"* o *"yo soy capaz"* y repítela suavemente mientras meditas. Esto te ayudará a visualizar y recordarte que eres una persona valiosa y que mereces ser amado.

Espero que estos ejercicios te ayuden a mejorar tu *autoestima* mediante la práctica de la *meditación*. Si te sientes abrumado, recuerda que siempre puedes pedir ayuda profesional para mejorar tu bienestar mental.

Si deseas profundizar más en la materia, toma un curso de *meditación* o yoga en línea o en algún lugar de tu ciudad.

Beneficios de practicar la meditación para mejorar la autoestima

La *meditación* es una práctica que se ha utilizado durante siglos para mejorar la mente, el cuerpo y el espíritu.

Es una forma de mindfulness o atención plena, que nos ayuda a estar presentes en el momento y a no dejarnos llevar por los pensamientos negativos.

La *meditación* también puede ser muy beneficiosa para la *autoestima*. Te ayuda a conectar con tu yo interno, aumentar *la confianza en ti mismo* y mejorar la forma en que te ves a ti mismo.

Los siguientes son algunos beneficios específicos de la *meditación* para mejorar la *autoestima*:

- *Aumenta la resiliencia*: La *meditación* aumenta nuestra capacidad para sobrellevar situaciones difíciles. Esto puede ayudar a mejorar la *autoestima*, ya que nos permite ver las cosas de una perspectiva diferente y entender que podemos superar los problemas.

- *Fomenta el autoconocimiento*: La *meditación* nos ayuda a conocer mejor nuestras emociones y pensamientos y a reconocer cómo influyen en nuestro comportamiento y acciones. Esto nos da una mayor comprensión de nosotros mismos, lo que puede ayudarnos a sentirnos más cómodos con quiénes somos y así mejorar nuestra *autoestima*.

- **Reduce la ansiedad**: La *meditación* puede reducir los niveles de ansiedad, lo que a su vez nos ayuda a sentirnos más seguros y confiados en nosotros mismos. Esta reducción de la ansiedad también puede mejorar nuestra *autoestima*, ya que estamos menos preocupados por lo que otros piensen de nosotros.

- **Mejora el autocuidado**: Una práctica regular de *meditación* puede ayudarnos a tomar mejores decisiones para cuidarnos a nosotros mismos. Esto incluye tomar descanso suficiente, comer alimentos saludables, hacer ejercicio y evitar actividades o situaciones dañinas para nuestro bienestar físico y mental. Tener buenos hábitos de *autocuidado* es una forma importante de mejorar nuestra *autoestima*.

Al practicar la meditación, podemos sentirnos más conscientes de nosotros mismos y así mejorar nuestra autoestima.

La *meditación* también nos ayuda a desarrollar habilidades como la resiliencia, el autoconocimiento, la reducción de la ansiedad y el *autocuidado* que pueden ayudarnos a sentirnos más seguros y confiados en nosotros mismos.

Conclusión

La mayoría de las personas piensan que la *meditación* es solo para tranquilizarse o relajarse, pero no se dan cuenta de que también es una excelente manera de mejorar tu *autoestima*.

La razón por la que esto funciona es porque te permite tomar un descanso de los pensamientos negativos y el estrés que pueden estar minando tu confianza.

Durante la *meditación*, te concentras en tu respiración y te olvidas de todo lo demás. Esto te permite despejar tu mente y centrarte en el presente.

Al hacer esto, te das cuenta de que no hay nada más importante en este momento que tú y tu bienestar.

La *meditación* también te ayuda a aceptarte tal y como eres. Te da la oportunidad de verte a ti mismo con claridad y compasión, sin juzgarte ni criticarte. Esto puede ser muy liberador y poco a poco irás notando una mejora en tu autoestima.

CONSEJO 21

Elige un proyecto de vida

"LA PREGUNTA MÁS IMPORTANTE QUE PUEDES HACERTE ES: ¿ESTOY VIVIENDO UNA VIDA SIGNIFICATIVA?"

—*Morrie Schwartz*

¿Sabías que tener un plan de vida o un proyecto de vida puede mejorar tu autoestima? Es cierto. De hecho, según la Universidad de Rochester, tener una meta en mente te hace sentir más seguro de ti mismo y te da un sentido de control sobre tu vida.

Pero el simple hecho de tener una meta no es suficiente. Debes tener un *plan* para alcanzar esa meta. Y ese *plan* debe ser realista y asequible. Si te sientes abrumado por tu *plan*, entonces es posible que necesites hacer ajustes.

Un proyecto de vida te ayudará a tomar el control de tu destino y superar cada día los retos que se te presenten.

Definiendo claramente tus objetivos, buscando recursos para alcanzarlos y trabajando con disciplina, podrás construir la vida que deseas y sentirte orgulloso de ti mismo.

¿Qué es un proyecto de vida y cómo influye en tu autoestima?

Un *proyecto de vida* es un plan a largo plazo que te ayuda a alcanzar tus objetivos y metas. Tener un *proyecto de vida* te da una dirección y propósito, y te ayuda a sentirte seguro y confiado en ti mismo.

Sin un proyecto de vida, es fácil perderse o sentirse inseguro sobre qué hacer con tu vida.

Tener un *proyecto de vida* te ayuda a mejorar tu *autoestima* porque te da una sensación de control y seguridad.

Te permite centrarte en lo que es importante para ti, y tomar las acciones necesarias para alcanzar tus objetivos. Cuando cumples tus metas, te sientes orgulloso de ti mismo y mejora tu opinión sobre ti. Esto a su vez conduce a mayores niveles de *confianza* y *autoestima*.

Además, un *proyecto de vida* te ayuda a trabajar en tu crecimiento personal. Te da la oportunidad de experimentar nuevas cosas, aprender nuevas habilidades, expandir tus horizontes y alcanzar tus sueños. Esta exploración ayuda a mejorar tu *autoestima* porque te permite descubrir quién eres realmente y lo que quieres hacer con tu vida.

En resumen, un *proyecto de vida* te da dirección y propósito en la vida. Tener un plan establecido para alcanzar tus metas te ayuda a sentirte seguro de ti mismo y mejorar tu *autoestima*. Esto puede conducir a niveles más altos de confianza en ti mismo y el mundo que te rodea.

¿Por qué es importante tener un plan de vida?

Hay muchas razones por las que es importante tener un *plan de vida*.

En primer lugar, un *plan de vida* te ayuda a definir y priorizar tus objetivos. También te da una perspectiva más amplia de tu existencia y te permite analizar tus opciones con más cuidado.

Además, el proceso de crear un *plan de vida* te ayuda a descubrir qué es lo que realmente quieres y necesitas para ser feliz.

Un *plan de vida* también puede ser útil para combatir la ansiedad y la incertidumbre. Si sabes lo que quieres y cómo piensas lograrlo, es más probable que te sientas seguro y confiado en ti mismo.

Elaborar un plan de vida te obliga a pensar en el futuro de manera positiva y productiva, en lugar de simplemente temerlo o ignorarlo por completo.

En resumen, un *plan de vida* es importante porque te ayuda a definir tus objetivos, mejorar tu *autoestima*, combatir la ansiedad y afrontar el futuro con confianza.

Razones por las que posponemos la creación de un plan de vida

- No tenemos claro lo que queremos.
- No creemos que merezcamos tener éxito.
- Pensamos que no podemos cambiar nuestra situación actual.

- Suponemos que el *plan de vida* es solo para personas ricas o con mucho éxito.

- Tenemos *miedo* al fracaso o al éxito.

- Pensamos que un *plan de vida* es demasiado complicado o difícil de hacer.

- No estamos dispuestos a comprometernos con nuestros objetivos.

- No nos gusta planificar nuestro futuro porque pensamos que nos limitará la creatividad y la espontaneidad.

- No tenemos tiempo para hacer un *plan de vida* debido a las responsabilidades diarias.

- Pensamos que el éxito llegará sin esfuerzo y no valoramos el trabajo duro necesario para lograrlo.

¿Cómo crear un plan de vida?

¿Qué es un plan de vida? Un *plan de vida* es un mapa que te ayuda a trazar el camino hacia tus sueños y objetivos. Se trata de establecer un rumbo, de ser consciente de dónde estás y a dónde quieres llegar.

Pero, *¿cómo se hace un plan de vida?* A continuación te doy algunos consejos prácticos para que puedas crear el tuyo propio.

En primer lugar, date cuenta de lo que realmente quieres lograr en la vida. No pienses en lo que crees que deberías hacer o en lo que otros quieren que hagas, sino en lo que realmente te motiva y te apasiona.

Haz una lista de todos tus sueños y objetivos, grandes y pequeños. No importa si algunos parecen imposibles o lejanos, escríbelos igualmente.

Luego ordena tu lista. Determina cuáles son tus prioridades y ponlas en orden.

Crea un *plan* de acción. Después de hacer tu lista, es hora de crear un *plan* detallado para alcanzar tus objetivos. *¿Qué pasos necesitas seguir? ¿Cuáles son los recursos que necesitas para llegar a donde quieres?*

Establece plazos. Establece fechas límite para cada objetivo y divídelo en pequeñas metas para alcanzarlos. Esto te ayudará a mantenerte motivado y focalizado en la dirección correcta.

Revisa tu *plan de vida* regularmente. Es importante verificar tu *plan de vida* regularmente para asegurarte de que estás siguiendo el rumbo que has trazado y haciendo los cambios necesarios cuando sea necesario.

Crea un sistema de motivación. Establece algunas formas en las que te recompensarás por lograr cada uno de tus objetivos. Esto te ayudará a mantenerte motivado y comprometido con tus metas.

¡Espero que estos consejos te ayuden a crear tu propio *plan de vida*!

Recuerda que el éxito comienza con los pasos que tomes hoy. Si quieres lograr tus sueños, es crucial que tengas un plan de acción para llegar allí.

Los beneficios de tener un plan de vida

Hay muchos beneficios de tener un *plan de vida* creado. Te da una dirección y te ayuda a concentrarte en lo que realmente quieres lograr.

Tener un *plan* te motiva a seguir adelante cuando las cosas se ponen difíciles y te ayuda a tomar mejores decisiones. También te hace más consciente de tu propósito en la vida y te da una sensación de control sobre tu futuro.

Además, un *plan de vida* te ayuda a identificar tus metas y objetivos a corto y largo plazo. Esto te permite priorizar el tiempo y los recursos para alcanzar esos objetivos.

También puede ayudarte a permanecer motivado cuando las cosas se ponen difíciles. Si creas un *plan* realista para tu vida, puedes estar seguro de que tendrás éxito en la consecución de tus metas.

Finalmente, un *plan de vida* te ayuda a controlar tu tiempo. Esto es especialmente importante para aquellos con una agenda ocupada. Al identificar y priorizar tus objetivos, puedes maximizar el tiempo que pasas en actividades que te llevan hacia tus metas.

Si eres capaz de administrar tu tiempo y hacer cosas que te acerquen más a tu plan de vida, entonces tendrás éxito.

Conclusión

Elige un *proyecto de vida* en el que creas y te comprometas. Algo que te motive y te inspire.

Cuando tienes un objetivo claro, trabajarás duro para alcanzarlo y te sentirás orgulloso de ti mismo cuando lo consigas. Eso aumentará tu *autoestima* y te hará sentir mejor contigo mismo.

Así que elige un *proyecto de vida* que realmente te apasione y comienza a trabajar en ello hoy mismo.

EL CÍRCULO DE LA RESPONSABILIDAD

E*l "Círculo de Responsabilidad" es un modelo conceptual que representa el área sobre la cual una persona tiene control directo e influencia para tomar decisiones y acciones.*

¿Qué es la responsabilidad?

La *responsabilidad* es la capacidad de responder ante las consecuencias de nuestras acciones. Es decir, es ser *conscientes* de que nuestras acciones pueden tener un impacto en los demás y asumir las consecuencias de estas.

La *responsabilidad* nos ayuda a entender que somos capaces de lidiar con los resultados de nuestras decisiones. Esto nos da un sentido de control y autonomía sobre nuestras vidas, lo cual es importante para la *autoestima*.

Cuando asumimos la responsabilidad por nuestro comportamiento, estamos reconociendo que somos personas capaces y dignas de respeto.

Si evitamos asumir la *responsabilidad* por nuestros errores, nos sentiremos inseguros e incómodos con nosotros mismos, ya que estamos evadiendo una realidad importante. Esto puede tener un impacto significativo en nuestro nivel de *autoestima*.

En conclusión, la responsabilidad tiene una relación íntima con la autoestima. Al asumir plenamente nuestras responsabilidades, estamos fortaleciendo nuestra autoestima y mostrándonos a nosotros mismos que somos capaces y merecedores de lo bueno que sucede en nuestras vidas.

Por el contrario, eludir nuestras *responsabilidades* puede tener un efecto negativo en nuestro sentido de *autoestima*. Si evitamos la *responsabilidad*, podemos perder la confianza en nosotros mismos y con el tiempo podríamos empezar a sentir que no somos merecedores de nada bueno.

¿Qué es un círculo de responsabilidad?

Un *círculo de responsabilidad* es una forma de visualizar las consecuencias de nuestras acciones. Se trata de dos círculos: *'el círculo de la influencia' y 'el círculo de la preocupación'.*

En el primero. El interno (*esto es mi responsabilidad*) es donde yo tengo la mayor *influencia*, aquí podemos actuar con lo que tenemos actualmente para resolver todos los problemas y situaciones. Esta responsabilidad es mía y me guía con mis capacidades alcanzadas hasta ahora.

Existe otro círculo (*esto no es mi responsabilidad*) en la vida, el cual está lleno de inquietudes. Estas son cosas que nos recuerdan aquello que no podemos controlar y que nos preocupan, como por ejemplo *el hambre, las guerras o el calentamiento global.*

Necesitamos enfocarnos en el ámbito donde tenemos *influencia*. Este es el lugar en el que podemos realizar tareas, logros y dedicar parte de nuestro tiempo. Cuando nos dispersamos y tratamos de involucrarnos con asuntos fuera de nuestro alcance, terminamos preocupándonos por cosas que no podemos controlar y sobre lo que no tenemos ningún tipo de elección.

Si comenzamos a enfocarnos en lo que realmente podemos hacer, esto nos permitirá aumentar el ámbito sobre el cual tenemos *influencia*. Si somos pacientes y trabajamos con dedicación, nuestras habilidades mejorarán gradualmente mientras se reduce nuestro nivel de ansiedad.

La solución a los problemas siempre está en el buen juicio. Es preciso discernir cuáles preocupaciones por las que nos angustiamos, realmente tenemos la capacidad de hacer algo al respecto, y descartar aquellas acciones imposibles de modificar. Así mismo, nuestra mente deberá quedar libre de aquellos pensamientos inútiles que no podemos transformar.

Para no quedarnos estancados y avanzar en el ámbito personal, tenemos que salir del círculo vicioso de la preocupación. Esta nos mantiene ocupados, pero nunca nos da resultados positivos, así que

¿cómo podemos eliminarla y obtener un crecimiento en nuestra persona?

Ejercicio para salir del 'círculo de la preocupación'

Si quieres lograr pasar de la preocupación a la acción, te sugiero que selecciones un momento del día para escribir sobre lo que te preocupa. Así podrás manejar mejor tu energía y dedicarla a lo más importante.

A veces, al intentar poner nuestras ideas en palabras, tenemos que hacer un trabajo extra para organizarnos. Esto es útil porque nos permite ver las cosas con más claridad y desde otra perspectiva diferente.

- *¿Qué es lo que la está preocupando?*
- *¿Es parte del círculo en el que puedes influenciar?*
- *¿En qué medida depende de ti?*
- *¿Cuáles son las acciones que se pueden tomar para abordar el tema en cuestión?*
- *¿Qué cosas tienes intención de dejar ir que no estén bajo tu control?*

Si alguna vez te encuentras confundido pensando en todas tus preocupaciones, no esperes hasta la mañana para soltar un poco esa carga que portas. Toma tu libreta y escribe lo que sea que esté pasando por tu mente.

Este círculo de la responsabilidad está diseñado para ejercitar nuestra mente, en el proceso de desarrollar una disciplina mental.

LA RUEDA DE LA VIDA

¿Alguna vez te has preguntado qué tan equilibrada está tu vida? ¿Sientes que estás dando lo mejor de ti en todas las áreas o hay algunas que necesitan más atención?

A veces todo se vuelve complicado y la gente no tiene la capacidad de ver los retos que tienen que enfrentar, discernir cuáles son las cosas más importantes sobre las que hay que centrar sus esfuerzos o encontrar una perspectiva objetiva acerca de las dificultades que surgen en la vida.

La rueda de la vida es una herramienta visual para evaluar el balance entre diferentes aspectos de nuestra vida, desde nuestras relaciones interpersonales hasta nuestra salud, carrera y desarrollo personal.

El ejercicio de hacer *la rueda de la vida* ha ganado gran popularidad en el mundo del coaching y el crecimiento personal, lo cual puede atribuirse a los beneficios evidentes que trae consigo.

Realizar este ejercicio ayuda a tener una perspectiva más amplia sobre sí mismo, permitiendo establecer con mayor claridad los objetivos que hay que priorizar para alcanzar la satisfacción y trabajar mejor en la superación personal.

◆ ◆ ◆

La rueda de la vida: para qué sirve

La rueda de la vida es un proceso de evaluación de las diferentes áreas en nuestras vidas que nos brinda consciencia acerca del lugar en el que estamos. Esta técnica es beneficiosa porque ayuda a identificar los componentes en los que se necesita trabajar para alcanzar un mejor grado de satisfacción.

Esta herramienta es útil y sirve para:

- Comprender mejor los aspectos cotidianos detrás de nuestras vidas para tener una visión más amplia y profunda.

- Cuestionar si existen zonas en las que debemos focalizar más nuestros esfuerzos.

- La definición clara de ideas puede ayudar en la toma de decisiones acerca de qué ámbitos deben ser mejorados.

- Establecer metas ambiciosas y estar motivado a lograrlas, lo que posibilita la planificación de las acciones necesarias.

El monitoreo regular de los resultados alcanzados permite apreciar mejor el avance logrado hasta el momento.

Esta técnica es muy útil para varias situaciones, ya sea en empresas o en un contexto educativo.

Los beneficios de hacer una rueda de la vida

Aplicar *la rueda de la vida* a nuestra propia vida puede ser muy beneficioso. Nos ayuda a tomar conciencia de nuestro estado actual y nos da una idea clara de lo que queremos lograr en el futuro.

También nos obliga a enfrentarnos a nuestras áreas problemáticas y buscar soluciones para ellas. Al hacerlo, nos volvemos más *conscientes* de nosotros mismos y aprendemos a valorar lo que tenemos.

Además de ayudarnos a mejorar nuestra vida, aplicar *la rueda de la vida* también nos ofrece una perspectiva más amplia. Podemos ver cómo se relacionan los diferentes aspectos de nuestra vida y cómo uno puede influenciar al otro. Esto nos permite comprender mejor cómo funcionamos como personas y darnos cuenta de qué cosas necesitamos para ser felices.

¿Cómo se hace la rueda de la vida?

Para comenzar, primero debes hacer un diagrama circular y dividirlo en partes, para que cada una de ellas refleje aspectos importantes de tu vida. A estas partes se les asigna nombres que se escriben fuera del círculo.

Puedes modificar la cantidad de divisiones, agregar más o eliminarlas según tus necesidades personales.

A continuación, se asigna una calificación a los distintos aspectos de acuerdo al grado de satisfacción que se tiene con ellos. Esta calificación va desde el número 1 hasta 10, siendo 10 la máxima puntuación. Las calificaciones más bajas suelen situarse en el centro, mientras los valores altos se encuentran cercanos al límite o directamente en él si obtiene la mejor nota.

Una vez que hayas asignado un valor a cada sector, conectar los puntos o etapas de vida que hayamos señalado previamente y prestar atención a la figura que ha creado nuestra *circunferencia de la vida.*

También puedes colorear cada uno de los sectores de acuerdo con la calificación que hayas asignado a cada uno.

Una vez que tienes esta imagen, podrás obtener nuevos puntos de vista sobre *dónde estás en tu vida.* Esto te servirá para crear objetivos concretos y realistas que te permitan seguir avanzando hacia un futuro mejor.

Es importante tener en cuenta que *la rueda de la vida* no es un test estático; sino más bien una herramienta para ayudarte a evaluar tu vida con el fin de encontrar formas de mejorarla y avanzar hacia tus objetivos.

Esto significa que debes actualizar la rueda cada vez que te des cuenta de algo nuevo sobre ti mismo o sobre tu situación.

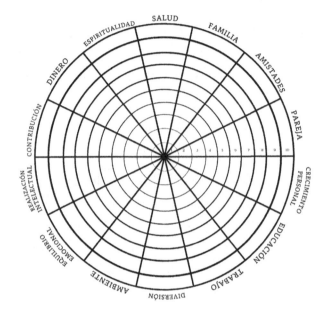

En el gráfico superior, se analizan 14 áreas de la rueda de la vida:

- Salud
- Familia
- Amistades
- Pareja
- Crecimiento personal
- Educación
- Trabajo

- Diversión

- Ambiente

- Equilibrio emocional

- Realización intelectual

- Contribución

- Dinero

- Espiritualidad

Ejemplo de una *rueda de vida* (conectando los puntos):

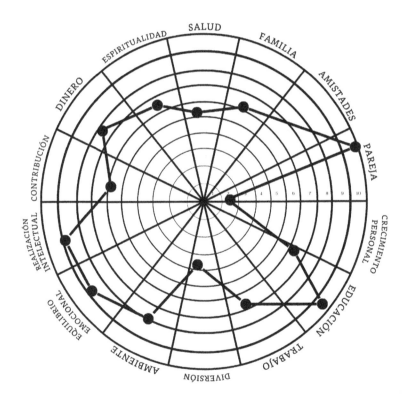

Ten en cuenta los pasos siguientes para llevar a cabo la tarea:

- Elige aquellos temas que consideres indispensables para lograr el equilibrio en tu vida y aquellos sobre los cuales estés motivado a mejorar lo antes posible.

- Establece una lista de tareas a realizar para mejorar tu felicidad con respecto al área seleccionada. Por ejemplo, establece horarios adecuados para desempeñar tus actividades, asigna tiempo suficiente para tus pasatiempos o intereses, busca nuevas experiencias y toma decisiones inteligentes, son algunas de las cosas que debes implementar para mejorar tu satisfacción en ese ámbito.

Establece una planificación en la que sepas con exactitud cuándo y cómo vas a llevar a cabo tus actividades cotidianas, así como el ritmo con el que las repetirás.

Espero que esta explicación te haya ayudado a entender mejor el concepto de la rueda de la vida y la forma en que puedes usarla para mejorar tu vida.

SIGUE TU PROGRESO

Una de las mejores cosas que puedes hacer por ti mismo es seguir tu progreso. Sigue estos consejos prácticos para tomar el control de tu vida y desarrollar hábitos de autoestima saludables.

Recuerda que paso a paso, poco a poco, podemos construir una vida satisfactoria si nos enfocamos en nuestro bienestar, crecimiento personal y mejora continua.

Haz un seguimiento de tus logros para ver cómo avanzas con tiempo y motivación, ¡y disfruta de tu progreso!

CONCLUSIÓN

La *autoestima* es vital para ayudarnos a sentirnos mejor con nosotros mismos y nuestro entorno.

Estos 21 consejos prácticos pueden ayudarte a tomar el control de tu vida y ser dueño de tus elecciones, permitiéndote convertir estos consejos en hábitos que promuevan la autoestima.

Siempre recuerda que eres único y no hay nadie más como tú, por lo cual debes *confiar en ti mismo* para saber qué decisiones son las mejores para ti.

Al concluir la lectura de este libro, espero que hayas adquirido algunos conceptos útiles para mejorar tu *autoestima*.

Pero evidentemente, recuerda que esto no significa el final de todos los esfuerzos hacia un *YO* mejor, por lo tanto, considera esto como el punto de partida para iniciar tu camino.

Si buscas mejorar tus habilidades, únete a uno de nuestros programas. En estos cursos podrás desarrollarte y adquirir conocimientos sobre nuevas tácticas que te serán de utilidad para seguir mejorando en tu capacitación.

MI HISTORIA

Todos tenemos un pasado o una historia. Pero cuando permitimos que nuestra historia vaya minando nuestra esperanza y nuestros sueños, es hora de cambiarla.

Durante los primeros años de mi vida no era alguien muy sociable debido al acoso que sufrí siendo un niño. Esto cuando estudiaba en EE. UU., específicamente en una academia militar donde además yo no entendía el idioma y estuve internado durante 7 años.

Finalmente, cada verano esperaba volver a casa con mis seres queridos para recobrar la sensación de seguridad.

Me convertí en un joven inseguro y temeroso. Siempre me mantuve al margen y nadie me consideraba competente. La escuela militar exigía practicar deportes, así que empecé a entrenar Judo. Aprendí habilidades para defenderme, pero nunca me animé a utilizarlas porque tenía miedo de lo que los demás pensarían.

A pesar de que mis resultados académicos no eran nada notables, me esmeré para hacer las cosas bien en los últimos dos años y lograr entrar a la Universidad de Denver en Colorado, EE. UU.

A solo una semana antes de comenzar mis estudios universitarios, mientras conducía mi motocicleta, un carro cambió bruscamente de ruta y me golpeó con tanta fuerza que me envió volando por los aires, hasta estrellarme en la acera. Pensé que estos serían mis últimos momentos.

Conmocionado y adolorido, me di cuenta de lo serio del accidente. Estaba cubierto de sangre y mi brazo derecho estaba colgando con el hueso del codo sobresaliendo, perdí gran parte del cuero cabelludo y sufrí múltiples fracturas.

Me encontraba en una profunda agitación cuando desperté en el hospital, pensando que me habían amputado un brazo. Afortunadamente, no fue así, pues se trataba de un reimplante de codo, y aunque no perdí el brazo, no pude obtener nunca más la movilidad normal de la que gozaba antes. Por otra parte, también requerí de un total de 11 operaciones en los siguientes años.

Cuando me estaba recuperando en el hospital, decidí que debía comenzar de nuevo; deshacerme de ese pasado doloroso y empezar a escribir los próximos capítulos de mi vida.

Y aunque este fue un momento amargo en el que estuve al borde de la muerte, también fue el inicio de mi mayor *transformación personal.*

Este evento fue el catalizador que me impulsó a cambiar mi vida.

Aprendí que la adversidad puede convertirse en una oportunidad y descubrí una fuerza interna que nunca había conocido.

Me di cuenta de que era capaz de superar cualquier obstáculo y que tenía la capacidad de convertirme en una persona exitosa y motivada. Descubrí mi fuerza interior y mi propósito en la vida, y comencé a caminar con una determinación renovada.

Un año después ingresé a la universidad y aunque los médicos me habían dicho que estaría limitado para practicar deportes, logré ser parte del equipo de balompié superior, alcancé el cinturón negro en Judo y más tarde el Cinturón negro en Taekwondo. Además, ejercí como vicepresidente de la Federación y presidente del Salón de la Fama de ese deporte.

Hoy, me siento una persona que estoy agradecido de la vida. Tanto en el campo profesional como en lo personal he tenido el privilegio de alcanzar muchos logros y distinciones, habiendo viajado, ayudado y compartido con reconocidos líderes.

Si yo fui capaz de cambiar el rumbo de mi vida y crear una nueva historia, entonces tú también podrás hacerlo. No dejes que ese patrón narrativo que siempre te repites te limite para saber quién eres o qué lograrás alcanzar.

Ahora sé que cuando decidí usar mi superpoder de aceptarme y amarme a mí mismo, nada me detuvo. ¡Quiero que sepas que el superpoder de quererse es real y poderoso!

Espero que mi historia les haya inspirado y les haya dado la confianza y el coraje para comenzar su propio viaje de autodescubrimiento y transformación.

Les envío todo mi cariño y les deseo lo mejor en su camino hacia una vida plena y significativa.

AGRADECIMIENTOS

No podría haber completado este libro sin la ayuda de *Martina*, mi mentora literaria. Ella fue muy paciente conmigo durante todo el proceso de escritura, siempre ofreciendo sugerencias y corrigiendo errores. Le doy gracias por su asesoramiento y contribución a lo largo de este camino.

También quiero dar las gracias a todo el equipo de marketing de *Zignmar* que trabajaron en la producción del libro, desde el diseño de la portada, publicación, promoción y venta del libro. Todos hicieron un trabajo increíble y estoy muy agradecido. Este libro no hubiera sido posible sin el esfuerzo de todas estas personas.

También quiero agradecer a todos *los lectores* que compraron mi libro y espero sinceramente que les haya gustado. ¡Sin su apoyo, no hubiera podido llegar tan lejos!

Que lo que has leído aquí te haya brindado la motivación y las herramientas necesarias para emprender ese camino que tanto anhelas.

No hay nada más gratificante que ver a otros triunfar y alcanzar sus metas, y si este libro te ha brindado, aunque sea un pequeño empujón en esa dirección, entonces habrá valido la pena.

ACERCA DEL AUTOR
Dr. Carlos Cusnier-Albrecht

El Dr. Carlos Cusnier-Albrecht es un destacado conferencista y coach transformacional con una trayectoria de más de 30 años. Ha impartido más de 1,130 conferencias, talleres y procesos de coaching, para organizaciones como United States Postal Services (USPS), Sales & Marketing Association (SME), AAA, MMM, Banco Popular Dominicano, Credomatic, CANTV, entre muchas otras. Ha sido invitado como Speaker por la DMA en diversas ocasiones, así como por entidades de Contact Centers y Customer Engagement en Latinoamérica y ha trabajado con organizaciones de renombre mundial, como Whirlpool, Mitsubishi, Cigna, American International Group, Continental Airlines, Merck, Glaxo, BPPR, Santander Bank, Quaker, Kimberly Clark, American Express, Mazda, Colgate-Palmolive, Walmart, Stewart Enterprises, Codetel, McCann, Erickson, Evertek, entre otras.

Posee una sólida formación académica, con una licenciatura en Economía de la Pontificia Universidad Católica, una maestría en Empresas con especialización en Mercadeo y en Relaciones Interpersonales, y un doctorado en Desarrollo e Integración Regional de la Universidad de León en España.

Durante más de 25 años, ha sido profesor en reconocidas universidades y, en los últimos 12 años, ha ejercido como profesor-conferenciante en la Escuela de Graduada de Negocios de UAGM. Además, es el creador de PKDESS (Plataforma para el Desarrollo del Conocimiento y Apoyo Estratégico), un programa integral que abarca más de 35 temas en 10 áreas de especialidad para mejorar la productividad organizacional y el desempeño personal.

El Dr. Cusnier-Albrecht ha dirigido diversas organizaciones en los ámbitos empresarial, académico y deportivo, y ha ocupado cargos importantes, como la presidencia de la Asociación de Mercadeo y del Salón de la Fama del Taekwondo. También ha desempeñado el cargo de director de Desarrollo para América Latina del Swiss Holding Group (SHG) y lideró el exitoso Proyecto Familia y Juventud (RLA) relacionado con Naciones Unidas.

Su experiencia como Coach Ontológico le ha permitido ayudar a reconocidos líderes latinoamericanos en su proceso de transformación. Además, el Dr. Carlos Cusnier ha participado como invitado especial en programas de opinión pública y ha publicado numerosos artículos sobre desarrollo personal y coaching. Mantiene una presencia activa en las redes sociales y se le puede contactar a través de su sitio web oficial para obtener apoyo y orientación personalizada.

Made in the USA
Columbia, SC
14 November 2023

26221947R00114